人才错觉

Tomas Chamorro-Premuzic
[英] 托马斯 · 查莫罗–普雷穆季奇◎著
文隐尘◎译

THE TALENT DELUSION

The New Psychology of Human Potential

中信出版集团 | 北京

图书在版编目（CIP）数据

人才错觉 /（英）托马斯·查莫罗-普雷穆季奇著；文隐尘译. -- 北京：中信出版社，2025. 9. -- ISBN 978-7-5217-7606-5

Ⅰ. F272.92

中国国家版本馆 CIP 数据核字第 2025429HJ7 号

人才错觉

著者：　[英] 托马斯·查莫罗-普雷穆季奇

译者：　文隐尘

出版发行：中信出版集团股份有限公司

（北京市朝阳区东三环北路 27 号嘉铭中心　邮编　100020）

承印者：　三河市中晟雅豪印务有限公司

开本：880mm × 1230mm　1/32　　印张：9　　字数：192 千字

版次：2025 年 9 月第 1 版　　印次：2025 年 9 月第 1 次印刷

京权图字：01-2025-1002　　书号：ISBN 978-7-5217-7606-5

定价：59.00 元

服务热线：400-600-8099

投稿邮箱：author@citicpub.com

献给伊莎贝尔。

专家推荐

在一个大多数人都在胡言乱语的行业，作者发出了难得的理性声音。

——**露西·凯拉韦**，《金融时报》专栏作家

这本书告诉了我们该如何寻找、吸引、培养、激励和留住人才。书里论据充分，观点引人深思，对每一位管理人才的领导者都有参考价值。

——**亚当·格兰特**，沃顿商学院组织心理学教授

对于希望通过运用科学的方法在商业上获得更大成功的领导者、人力资源专业人士，以及想更好地理解并利用自己天赋的人，这本书非常值得一读。

——**乔纳斯·普里辛**，万宝盛华公司董事长兼首席执行官

这是一本观点清晰、研究深入的论著，它从科学的角度告诉我们该如何寻找、吸引和留住人才，同时也提醒我们，人才也有出人意料的阴暗面。

——**奥利弗·伯克曼**，《卫报》专栏作家

在这个喧嚣和充满炒作的世界里，作者用明明白白的数据说话，打破了人力资源行业所谓的“玄学”，并探讨了与每个人息息相关的问题：如

何发现和培养自己的天赋，开发自我潜能。书中充满了启发，将给职场带来变革。这是一段唯有勇者才能涉足的旅程！

——**亚当·耶尔斯利**，红牛人才管理全球负责人

我想将这本书送给每一位我曾合作过的经理，他们错误地认为："让我和候选人相处 5 分钟，我就能告诉你他们合不合适。"我想将每一章的引述、发现和想法发布到推特上，与全世界的人分享。

——**托德·卡莱尔**，推特人力资源副总裁

这一引人深思、幽默且极为实用的心理学力作，将帮助你找到并释放你所追寻的天赋。这是一本了不起的书！

——**娜塔莉·纳海**，网络心理学家

这本书与作者本人非常相似：见解深刻，坦诚，有吸引力。要想知道怎样才能做好人才管理，你应该读一下这本书……做好心理准备，因为你会发现你一直以来都没做对过！

——**米哈尔·科辛斯基**，斯坦福商学院组织行为学教授

作者以事实为依据，用聚焦的方式解构了我们对人力资源热点话题的偏见，旨在增加我们对人才的理解。

——**林恩·古迪尔**，澳大利亚人力资源协会首席执行官

作者将深刻的见解、实用的方法和可靠的科学知识融入这本可读性强、妙趣横生的书，它将成为一本经典管理类图书！

——**马克·埃夫隆**，人才战略集团总裁

人才科学终于能为人力资源提供实用的见解，并发挥它真正的作用了。无论是谁，只要想理解、预测和管理人才，都不应该错过这本书。

——**艾利森·艾林**，组织解决方案创始人兼首席执行官

这本书将理论与实践融为一体，将事例与数据相结合，不仅让提升领导力成为一种可能，也为我们提供了一条切实可行的通往成功的路径。

——**克拉克·墨菲**，罗盛咨询首席执行官

作者是一位享誉全球的组织心理学家，他拥有独一无二的能力，既能给你提供信息、刺激感和娱乐体验，也能用扎实的科学知识帮助你。

——**西摩·阿德勒**，怡安翰威特咨询公司合伙人

在一个宏大的主题上，作者对人的状况及其在工作中的表现问题提出了科学见解。如果你想建立一个以人才为中心的组织，你应该读这本书。

——**凯特·布雷弗里**，美世全球人才实践主管

在这个时代，吸引并留住卓越人才成了我们最后的甚至唯一的竞争优势，因此，作者提出的解决方案显得尤为重要。

——**凯蒂·雅各布斯**，《人力资源杂志》编辑

没有人比作者更懂这些研究，也没有人能像他一样利用这些研究，并写出这样一本实用性强、有说服力且让人愉悦的书。每位经理都该阅读这本见解深刻的书。

——**莎拉·格林·卡迈克尔**，《哈佛商业评论》高级编辑

除了这本书，我找不到任何一本能如此深刻地改变我的人才理念的书。作者的见解深刻且契合时代潮流，书中充满了引人深思的观点。

——**杰伊·康格**，克莱蒙特·麦肯纳学院领导力研究教授

作者拥有一种罕见的才能，他能逗你一笑，也能教给你知识，还会让你大吃一惊。他揭穿了人力资源领域最糟糕的习惯和信念。

——**马修·格威瑟**，《今日管理》主编

这本书非常新颖又具有前瞻性，为我们的新兴世界提供了全新且宝贵的见解。

——**格尼克·贝恩斯**，YSC咨询公司创始人兼董事长

这本书对每一位人力资源从业者都很重要，非常值得一读。作者用清晰且有条理的语言，将所有相关的研究都凝练到这本书里，为人才发展奠定了坚实的基础。

——**乔尔·迪吉罗拉莫**，国际教练联合会教练科学主任

这本书为关键的人才管理问题提供了人们迫切需要的答案，它不仅深入探讨了理论和案例，而且给出了清晰而实际的指导。

——**罗布·布赖纳**，伦敦玛丽女王大学组织心理学教授

人才争夺战正在进行，而这本书在人才争夺战中将是制胜的法宝。

——**戴维·布尔库什**，奥罗尔罗伯茨大学管理学教授

目　录

前　言

所有的组织都存在问题，而以下问题几乎都与人有关：如何管理员工，应该雇用、开除或晋升谁，如何激励、培养和留住员工。作为一门研究人本身的科学，心理学本该是解决这些问题的重要工具，但大多数组织只会见机行事，没有建立成熟的应对体系。结果就是，为了吸引和留住关键职位上的合适人选，数十亿美元的资金投了进去，却丝毫不见成效，而且大多数员工也对自己的职业生涯保持悲观看法。每个人都受到了波及：员工希望得到一份更好的工作，拥有更出色的领导者；领导者希望员工更得力；组织和整个经济的表现也欠佳。1997 年，麦肯锡公司首次提出了“人才争夺战”这一概念：由于人已经成为组织的核心资产，因此，要想获取成功，组织必须吸引、激励和留住优秀员工。然而，这么多年过去了，大多数组织在识别和开发员工的潜力方面依然做得不够好。

我自认为很幸运，我对自己职业的选择比较随意。比如说，我在大学选择学习心理学，是因为心理学是唯一一个我略感兴趣且难度不高的课程，尤其是该课程的期末考核形式是写一篇关于电影《飞越疯人院》的论文。我很喜欢这部电影，因此论文写起来既有趣又轻松。老师告诉我，我在心理学方面有天赋。虽然我并不认为她有火眼金睛，能一眼识别出天才，但我听从了她的建议，因为这样我不需要花费太多力气就能获得一个学士学位——这个想法很有吸引力。上大学期间，我曾一度痴迷于西格蒙德·弗洛伊德和雅克·拉康的理论。深夜，在布宜诺斯艾利斯的酒吧，他们的理论出现在人们一次又一次的交谈中，但后来我发现，他们的理论不过是纯粹的形而上学式的自我陶醉。

我决定找个出路—— 一条回归现实的路径。因此，我搬到了伦敦，去拥抱英国经验主义。数据成了我最好的新朋友，但唯一的问题在于，要想跨越学术心理学的鸿沟，迈进我最终想进入的现实商业世界，留给心理测量学和人格评估科学的机会并不多。然而，当我拿到博士学位时，人才争夺战已演变得如火如荼，对人格评估科学的需求也日益增加。从那时起，我就把大部分时间用于开发一些科学可信的工具，以评估、预测和解释人类的行为。霍根测评系统公司就是这场人才争夺战中最重要的“军火制造商”，我很荣幸能领导这家公司。我们专注于研发能理解人类，特别是能识别他们才能的工具。

我知道大多数人并没有我那么幸运，他们即使才华横溢，周围充满了机会，也很难找到合适的工作。结果就是，他们在毫无意义的工作上虚掷青春，表现欠佳，格格不入，被迫换了一份又一份工作。最终，工作成了负担，成了他们痛苦的主要来源，而他们只能在个人生活中追寻快乐。另外，雇主也在不断哀叹，他们找不到合适的人来担任关键职位，这使就业市场相当低效。

在这场人才争夺战中，我们每一个人都扮演着一个角色。在这场“战役”中，组织是国家，首席执行官是将军，人力资源部门的领导者是中尉，独立顾问和培训师是雇佣兵和士兵。然而，无知者和误导者像毒素一样渗透进了团队，他们把情况弄得很糟，使这场争夺战演变为一场肮脏的战争。平心而论，参与这场人才争夺战的大多数人都想把事情做好，但由于采纳了不科学、民粹主义的建议，他们在无意中让危机升级。此外，还有那些思想上的“无政府主义者”，他们在思想上引起混乱，把人才问题视为儿戏。这本书以科学为主武器，旨在对抗非理性的民粹主义者。正如亚当·斯密所言：“科学是解狂热和迷信之毒的良药。”科学并不能为所有问题提供终极真理，但它是消除误解和驳斥神话的有力武器。正如托马斯·斯科菲尔德所言：“科学并不是为了寻求真理，而是为了找到更好的犯错方式。”[1]

为了缩小人才心理学这门科学和现实世界中人才行为不当之间的差距，本书总结了该领域里一些新的研究成果，旨在帮助人力资源从业者和领导者了解一些关键的人才问题。为此，本书将阐述当前组织在员工选拔、发展及参与方面所面临的一些挑战，探讨如何更好地定义和评估人才，如何识别和抑制员工的不良行为，以及如何激励员工展现他们最佳的一面。本书从关键的学术研究中收集证据，提供了基于理论和数据驱动的建议，以解决组织中的人才问题。本书的针对人群原本是相关行业的从业者，但书中所讨论的话题也许能引起更广泛人群的兴趣，因此，你如果对人类工作潜能这一主题感兴趣，可能就会爱上这本书。事实上，我希望对人才心理学感兴趣的任何人都能将本书视作一本值得信赖且有趣的论著，以替代那些关于人才的谬论——以人类潜能为主题、可读性强但内容荒谬的著作。

我写本书的主要意图是提出具有批判性和建设性的意见，而非煽动对立。然而，鉴于主流媒体在报道与人才相关的问题时普遍缺乏批判性思维，我的一些观点可能会引起争议。因此，为了论证我的观点，我会列举尽可能多的科学证据，其数量远超一般的非学术著作。如果你信赖数据，那么经过同行评审的学术期刊是最可靠的证据来源，因为它们专注于全面而严谨的研究，并且关注公正性和利益冲突。同行评审文章的另一个重要特点是，它们遵循主流的科学研究范式，以前人的知识为基础，提供完善且清楚的研究过程，并允许人们进行质疑或反驳。相比之下，商业公司发布的白皮书的内容往往不够科学，因为其极少在学术研究中得到证实，并且会有意无意地忽略出现在同行评审期刊中更加可靠的证据。这解释了流行语和流行词泛滥的原因，它们不仅经受住了将证据奉为圭臬的行业从业者和科学家的批判性眼光，而且还成为闪亮的新鲜事物，在人力资源圈内拥有一批狂热的追随者。如果人才管理从业者仅凭他们的常识和直觉来应对人才问题，那么他们的工作进展就会变得缓慢，工作也会变得琐碎、枯燥。

如果战争的目的是实现和平，那么我们应该怎样结束人才争夺战？我们需要创设什么样的条件，才能让大多数组织更有效地补齐关键职位，并提升整个组织的潜力和产出？我们需要怎么做，才能帮助大多数人释放他们的最大潜力，并让他们享受有意义且成果丰硕的职业生涯？要想解决这些问题，我们不能寄希望于幻想，这里也没有一个简单的答案。然而，提升我们的能力，学会更好地理解、预测和管理人才是我们迈向成功的关键一步。

在一切事务中，偶尔对长久以来被视为理所应当之事投以怀疑的眼神，乃是一种正确的做法。

——伯特兰·罗素

知识最大的敌人不是无知，而是错以为自己掌握了知识。

——斯蒂芬·霍金

科学就是对专家无知的信仰。

——理查德·费曼

第一章
人才争夺战

本章介绍了人才争夺战的最新“战况”。人才争夺战这一术语强调了人作为组织的核心资产日渐重要的地位。正如本章标题所示，如今人们对人才问题的讨论比以往任何时候都要积极，行业领先的组织和战略思想家都达成了一个共识：对任何一家怀有雄心壮志的企业而言，吸引、培养和激励顶尖员工都是优先级最高的工作。然而，矛盾的是，大多数公司感到难以应对这些挑战，许多宏观经济指标也表明，人才争夺战这场战役正在走向失败。首先，很多人并不喜欢他们的工作；其次，很多人是被动求职者，希望拥有更好的职业前景；再次，越来越多的人倾向于自己单干，主要是因为他们对当前工作并不满意；最后，即使在就业机会充裕的国家，人们自主创业的意愿也在稳步提高。为了扭转这一不利的局面，赢得这场人才争夺战而非与人才为敌，我们有必要加深对人才科学的理解，而理解的第一步就是接受一个残酷的事实：我们在释放人类潜能方面的努力收效甚微。

* * *

作为一家领先的管理咨询公司，麦肯锡首次提出了“人才争夺战”这一概念：组织在未来能否获得成功，在很大程度上取决于它们能否吸引和留住顶尖员工，特别是担任高级职位的人才。[1]换句话说，人力资本——人——应该被视作重要的组织资产，而那些擅长管理人的组织也理应比它们的竞争对手表现得更好。这一概念已经成为管理界尽人皆知的陈词滥调，这足以证明它的影响力，但它的传播并不仰仗麦肯锡的影响力，而在于人们已经察觉到，人力资源行业转型的关键时刻已经来临：从更注重官僚主义、法律和程序问题转向更注重战略性、影响力和以内容驱动。因此，人力资源从业者的关键职能不再是避免人事纠纷或与员工相关的争议，而是通过利用和提升员工的才能，把员工转变为促进增长和提高生产力的引擎。事实上，麦肯锡提出的“人才争夺战”概念，至少在理论上把人力资源放在了组织效能的核心位置。

如今，才能令人向往。我们每个人都希望拥有才能、展示才能并获得更多才能，即使我们未必能评估我们自己和别人的才能。我们生活在一个人才辈出的时代，大众论坛和商业论坛上充斥着关于才能的讨论，我们投入大把的时间培养、挖掘才能，并实现其价值。我们如今比任何时候都学得更多，因此，在教育上的花销也达到了前所未有的水平。在英国，72%的毕业生无力偿还他们的学生贷款。[2]在美国，未清偿的学生贷款超过了1万亿美元[3]，总金额超过了信用卡债务，仅略低于汽车贷款。[4]在我近期乘坐的一趟美国航班上，我无意听到一位乘务员说，他女儿在大学里每个月花费6 000美元，这也许是他薪水的两倍。这样的故事在美国并不罕见，因为美国依然是人才争夺战的主战场。

与此同时，各大公司在员工培训项目上的支出超过了3 000亿美元，但其中仅有5%用于培养高层领导者等顶尖人才。[5]自人才争夺战正式打响以来，用于领导力发展的预算实现了显著增长。然而，在同一时期，人们对领导力发展行业的信心急剧下降。如果我们认为，领导力发展是人才管理（通过各种有效的手段，为头部组织的顶尖人才赋能）的重中之重，那么很显然，在将对人才的关注转化为有效且值得信赖的活动方面，我们还有很长的一段路要走。

但人才争夺战的概念究竟从何而来？麦肯锡最初主要基于以下两个正确的观察。首先，在任何组织中，少数顶尖人才为组织的成功做出了不成比例的贡献。[6]更具体地说，麦肯锡认为，企业的产出（如生产力、创新、营收和利润等）在很大程度上由少部分领导者的表现决定。其次，由于顶尖人才数量稀少，各个组织对顶尖人才的争夺就像争夺黄金、石油和白银一样激烈，因此一种零和博弈形成了。把人才（talent）比喻为稀缺资源并非偶然，因为“talent”一词最初被用作白银的计量单位，译为“塔兰特”。[7]例如，“1塔兰特白银”可换取一个人的劳动力，而一个人究竟能换取多少“塔兰特”，取决于他个人的能力。

“talent”一词的定义在不同历史时期有所不同。在13世纪，这个词常用来指一个人的倾向或心理状态。在15世纪，这个词主要指心智天赋和先天能力。而到了17世纪，这个词主要指一种非凡的能力，包括心智与其他方面的天赋和超凡才能。[8]今天，有关“talent”的大多数定义也包含这层意思，因为这些定义往往强调了一个人的某种独特性或天生的才华，代表人物有科学界的玛丽·居里、网球界的罗杰·费德勒、音乐界的艾米·怀恩豪斯和商业界的沃伦·巴菲特。

尽管我们的才能与特定的环境有关，但我们仍然可以通过评估不同才能在其类别中的稀有程度或杰出程度来进行比较。因此，把沃伦·巴菲特比作商业界的罗杰·费德勒，这一比较比我们想象的要更直观。与此同时，评估才能的标准从来不是完全客观的，这解释了这类话题为什么总能成为酒吧的讨论热点，或者演变为漫长的晚餐辩论，因为你几乎无法通过谷歌搜索和维基百科解决这个问题。迈克尔·乔丹是否比勒布朗·詹姆斯更有才能？莫扎特是否比巴赫更有才能？贾斯汀·比伯和麦莉·赛勒斯是否具备音乐才能？与数学不同，这些问题没有明确的答案，但这并不意味着人才问题是完全主观的。例如，我们可以用相当客观的方法来证明，我的才能比不过斯蒂芬·霍金和安格拉·默克尔。归根到底，才能是对人们做出卓越成就的一种解释，它强调能力高于运气或努力。

尽管评估人才的标准历来侧重于正规的资质证明和教育背景[9]，但在过去的一个世纪中，大学学历和才能的相关性出现了大幅下降，这在很大程度上归因于高等教育的普及。在许多工业化国家，大约50%的人将在未来几年获得大学学历。在美国，以各种形式接受了高等教育的人口比例逐年增高，学历的价值被稀释了，因此雇主很少会认为毕业生掌握了把工作做好所需的各项技能和专业知识。如今的硕士学位相当于过去的学士学位，博士学位的普遍程度和二三十年前的硕士学位相当（只是拥有博士学位会显得你资历过高）。人们把拥有更高学位的人视作可塑性更强的人，因此他们的资格证书仅仅是一种确认：这些候选人拥有获取相关信息并解决现实世界中的问题的潜力……前提是他们能继续发展。雇主并非不相信正式的学历证书，只是这些证书的价值通常仅限于对候选人进行排序，与实际工作中表现良好所需的专业技能关系不大。

那么，如今的人才争夺战状况如何呢？一方面，各大组织认为人才是重要的。例如，74%的组织和83%的大型企业将有效的人才管理措施视为一个关键的战略目标。[10] 另一方面，大多数组织在处理人才问题上感到头疼。在一项针对全球1 000多名董事会成员的调查中，[11] 只有不到20%的受访者表示，他们公司在吸引、招聘、培养、奖励、留住和解雇人才方面，或者在将人才管理实践与公司商业战略相结合方面做得很好。说得更直观一些，想象一下，如果80%的组织表示技术是其商业的基石之一，但只有20%的组织表示它们的技术是可用的，那会是怎样的情景？因为从某件事中受益而重视它是一回事，即使没受益也依然重视它则是另一回事。

在人才管理的其他领域，比如在有效利用多样性方面，情况甚至更糟——只有不到7%的受访者认为他们的举措是有效的，而这些举措在欧洲和亚洲得到的评价比在美国得到的评价低。考虑到这些数据都来自世界上最成功的那些企业，因此可以想象，对那些更一般的组织（规模小、不知名、地处偏远且并不成功的企业）来说，情况可能更加严峻。这些企业通常不是有进取心的人的首选，也很少参与相关的调查，而且人才管理实践也比较滞后。

因此，从各个方面来看，人才争夺战似乎已经演变成了与人才为敌：大多数组织似乎在排斥人才，而不是在吸引和留住他们。四大全球宏观经济趋势说明了这一观点。

1. 工作疏离症流行：大多数人对工作不再抱有幻想，甚至对工作感到疏离。
2. 被动求职者崛起：大多数人对新的工作机会持开放态度，前提是他们不奢求得到这些机会。
3. 自雇吸引力增加：即使是经济繁荣时期，人们也会辞职，选择单干，或者在全职工作之外再找一些兼职。

4. 创业精神高涨：尽管成功的概率微乎其微，但创业已经成为人们心中最理想的职业道路之一。

这些趋势反映了目前的人才问题——我们赢得了与人才为敌的战争，却在人才争夺战中败下阵来。事实上，人才更多地被视为敌人，而非需要争取的宝贵资源，尽管这可能并非雇主的本意。接下来我将更为详细地讨论这些问题。

工作疏离症流行

摩根是一位 32 岁的会计师，来自布里斯托尔，她在一家律师事务所工作了 10 多年。尽管摩根工作出色，但她深谙如何在工作中省力，因此她把一天中的绝大部分时间都花在了与工作无关的事情上，例如浏览购物网站、安排下一个假期计划和刷脸书。摩根知道，外面可能还有更有意思的工作，但归根结底，她目前的工作能让她维持生计，并且相对轻松。此外，即便摩根的工作效率没有提升，她也可能在未来获得晋升——毕竟，她在公司已经待了这么久，与她相比，其他候选人的资历都太浅。

莎莉是来自伯明翰的信息技术顾问，她刚刚在一家媒体公司找到了一份新工作。尽管在找工作上花了不少时间，但她仍对这份新工作十分期待，每天早上闹钟还没响，她就带着热情和活力起床了。上班时，莎莉总是早到的那批人中的一员，她不仅能很快适应新工作，还对公司的组织框架有了更全面的了解。莎莉已经加入了公司的战略团队，并且在公司内外建立起了重要的人脉网。莎莉对自己的工作非常投入，常常工作到很晚，但乐在其中。

你更愿意雇用这两位中的哪一位？除非你急需一个会计师，否则可能更愿意聘用莎莉。这反映了职场中广泛存在的一个现实问题：像莎莉这样的员工供不应求，而像摩根这样的员工供过于求。

尽管员工投入度，即个人对工作的热情和参与程度，是个人表现和组织效率的关键驱动力[12]，但在大多数组织里，能够全身心投入工作的员工只占少数。换句话说，大多数员工对工作缺乏足够的投入度。然而，投资收益率和员工投入度之间的正相关性早已得到论证，因此，公司有充分的理由去提高员工投入度。例如，百思买公司预测，员工投入度每提高 0.1%，门店营收就会额外增加 10 万美元。全球食品服务巨头西斯科通过提高员工投入度将员工留存率从 65% 提高到了 85%，为公司节约了 5 000 万美元的招聘和培训成本。[13] 这些例子表明，投入度是人才争夺战的晴雨表，然而，放眼全球的员工投入度平均水平，情况依然不容乐观。

杰弗瑞·菲佛在他 2015 年出版的书《领导力的谎言》中总结道，全球员工投入度调查通常是由人力资本公司实施的，旨在监测员工对工作的满意度。这些调查一致显示，绝大多数员工并没有真正投入工作。例如，监测和数据分析公司尼尔森与美国经济咨商会报告称，只有47%的员工对自己的工作感到满意，而25年前的这一比例是61%。睿仕管理咨询公司发布的报告指出，在美国和加拿大，只有19%的员工对他们的工作感到满意。美世咨询公司发布了一项超过3万人参与的全球调查报告，该报告指出，30%～56%的员工想辞去目前的工作。盖洛普咨询公司也对超过142个国家的员工进行了调查，结果显示，只有13%的员工真正投入工作，24%的员工则消极怠工。事实上，盖洛普咨询公司发布的全球调查报告估计，长期以来，约70%的员工要么对工作不投入，要么消极怠工。[14]

诚然，这些数据有时会有争议，原因也很容易理解。第一，从定义上来看，“投入”和“不投入”的认定标准是随意的。事实上，包括盖洛普在内的一些员工投入度调研公司，把“投入”的标准定义为认同调研中的所有陈述。从统计结果来看，这种方式很容易把人误判为“不投入”或“消极怠工”。事实上，“投入”和“不投入”之间没有一条清晰的分界线，就像“高”和“矮”、“瘦”和“胖”、“聪明”和“愚蠢”之间也很难界定清楚。所有可量化的事物都关乎“程度”二字，而用形容词去界定员工的投入水平，并以此来评判员工表现的做法是毫无意义的。真正重要的是，我们需要理解投入度水平的分布关系，需要接受处于曲线顶端或右侧的人产出更高的事实。从这个意义上来看，投入度的分类测量和经济变量的分类测量一样客观。例如，经济合作与发展组织（OECD）、联合国和世界银行认为，如果一个人每天的花销低于2美元，那么他就是“穷人”，但这并不意味着一个每天靠2.01美元生活的人就不是穷人了。这么做的意义在于：为了便于分配资源和监测干预是否有效，对人进行一个大体归类是有帮助的。

第二，由于大多数进行员工投入度调查的公司也提供提高员工投入度的服务，因此，我们也不必推测，这些公司只报忧不报喜并感到恼怒。这有点儿像把车送到汽修师那里，问他车是否一切正常，或者打电话给保险代理人，问他自己能否得到全面保障。

话虽如此，但我们几乎没有理由，也没有任何数据可以证明，世界上绝大多数人都对自己的工作感到满意。你只需要在谷歌上输入“我的工作是”，就可以窥见大多数人对自己工作的看法。

我希望你也能搜索一下，看看结果有没有什么变化，但答案多半没有变化。同样，盖洛普的调研结果显示，有关员工投入度的数据长期以来几乎保持不变：只有30%的员工喜欢自己的工作。

在美国，每年员工工作不投入造成的损失估计有4 000亿美元。[15]这一数据的获得方式是，计算工作投入的员工和不投入的员工平均产值差额数，然后把范围扩大到全国。除此之外，科学研究已经指出，工作投入度低会带来一系列的负面影响。其中最显著的负面影响是，工作投入度低会增加离职意向[16]，同时让员工表现出反生产工作行为的特质，比如辱骂同事、违规和盗窃。[17]因为员工盗窃，美国公司每年损失500亿美元。[18]仅安然公司和美国世界通信公司的丑闻就让美国经济损失400亿美元。[19]另外，员工离职也带来了一系列的问题，例如解约成本增加、招聘费用增加、士气受挫、培训费用增加和新员工试用期带来的生产力下降等[20]，由此带来的损失将占到公司年度薪水支出的10%～30%，如果涉及一些高级和高技能职位，公司将损失更多[21]，因为公司通常还要给高管猎头公司支付服务费用。因此，工作投入度较低的人，通常被认为生产力较低、更加反社会，同时离职概率也更高，这些问题给公司和整个经济带来了巨大的经济负担。

显然，一些组织在提高员工投入度之战中取得了胜利。毫不奇怪，这些组织在人才争夺战的其他重点领域也表现不俗。当我们查看“最佳雇主”排行榜或以规模大、开源和众包为特色的员工投入度评分网站（例如Glassdoor）时，我们每年都能看到那些“常客”占据榜单前列。然而事实是，每有一家像脸书、爱彼迎和贝恩这样的公司，就有数百万家中小型企业，它们的员工大多对工作感到失望和厌倦。人才争夺战主要与人有关，而全球员工投入度的数据表明，人们可能感到，这场战争是针对他们的，而非为他们而战。

被动求职者崛起

一份工作干一辈子的时代过去了。在过去的几十年里，发达国家的就业市场有了如下变化：任职时间缩短，跳槽更频繁，职业发展轨迹更不稳定。形成这一趋势的主要原因是，企业无法预测未来的人才需求，但也存在一种自我应验的预言，因为在一定程度上，员工对雇主的忠诚度下降也和企业本身有关。[22]也就是说，正是因为现在的公司不太能够（或者愿意）给员工提供一个美好的就业前景，员工——尤其是那些有才华且更容易找到其他理想工作的人才——对公司的忠诚度有所下降。结果就是，自 20 世纪 80 年代以来，企业对员工未来职业发展的规划变少，并期望员工主动掌控自己的职业生涯。作为回应，员工不得不面对现实，把工作视作短暂的浪漫邂逅或露水情缘，而非长久的婚姻。[23]

造成这一巨变的原因并非员工的心理发生了根本性转变。事实上，追求稳定是人类的普遍需求[24]，也就是说，人们总是偏向于一个熟悉的好掌控的环境，因为另谋出路会给人带来巨大压力。大量的心理学研究证明了工作不稳定（无论是由于客观因素还是由于主观因素）会给人的身心健康带来消极影响。[25]当然，这并不意味着所有人都会因为未来职业前景不明晰而深受其害。对那些不愿循规蹈矩和不信奉安全价值观的人来说，给他们一份一眼望得到头的稳定的职业，无异于一种心理折磨，这会让他们感到无聊和抽离。这些人往往活跃于与创意相关的行业或者创业圈，其工作稳定性很低。但他们只是少数例外，与寻求稳定的普罗大众相比，他们是异类，是极端追求刺激的人，也就是肾上腺素成瘾者。实际上，大多数人对跳伞、坐过山车或与鲨鱼共游并不感兴趣，他们更想知道自己 10 年之后的职业状况。

尽管在工业化经济体中失业率通常较低，但绝大多数人依然是被动求职者。他们可能并不会积极地寻找工作，例如研究职位空缺、发送简历、填写求职申请表或参加工作面试，但他们依然对新机会持开放态度。他们可能会在网站上设置职位提醒，参加非正式的社交活动，并时常更新自己的领英页面，即使他们已经有了工作。在发达国家，绝大多数上班族都是被动求职者，据估计，被动求职者人数占全职工作者人数的近 75%。[26] 同样，领英估计，在其 4.5 亿的用户（其中 2/3 的用户居住在美国之外）中，有近 60% 的用户是被动求职者，他们渴望一个更好的工作机会，另外还有 25% 的用户正在积极地寻找工作。[27]

如果被动求职者的泛滥还没有让你警惕起来，那是因为在如今的职场中，我们已经习惯了那些普遍存在的问题：员工动力不足，投入度不够，对公司忠诚度不高。正如让–保罗·萨特所言，邪恶最可怕之处在于人们习惯了它。这形成了一个矛盾的局面：一方面，大多数组织正竭力提高员工的生产力，想释放他们真正的潜力[28]；另一方面，员工却想着去别的地方找一份更好的工作。用婚姻关系类比，这相当于 75% 的已婚人士想拥有一位更好的伴侣。虽然他们并没有开始积极寻找，但他们对这类机会保持着开放的态度。这就是人们所说的婚姻不满流行病。当然，相比于忍受一份不好的工作，人们更不愿意忍受一段糟糕的关系……

另一个问题是，外部招聘的员工需要花费很长时间才能适应新公司。新员工前 3 年的工作表现通常不如老员工，并且离职或被解雇的可能性更高。[29] 大规模的元分析表明，工作年限和工作表现之间、工作年限和组织公民行为①之间存在正相关关系。[30] 值得注意的是，在控制了年龄这个变量之后，这些影响依然十分显著，所以忠诚确实对企业有益。因此，当员工离职或新员工入职时，企业通常会蒙受损失。

不幸的是，资深员工的情况也没有好到哪里去。按理来说，他们跳槽的意愿不强，毕竟他们已经事业有成且薪资可观，就像在感情领域非常幸福的已婚人士。然而，公司里的高管通常3～4年换一份工作，当高管猎头公司找到他们的时候，一半的人承认对新工作感兴趣。[31] 高管猎头行业提供专业的高级人才寻访服务，旨在帮助企业找到和安排高级管理人才和其他精英员工，这一现象充分解释了该行业蓬勃发展的原因。[32] 相比之下，在20世纪50年代，只有少数高管从公司外部空降，绝大多数高管都是公司内部培养的。这种变化给公司带来了显著的问题：一方面，公司有充分的理由将学习和发展的预算投到最资深的员工身上；另一方面，公司无法从这些员工身上获得足够的忠诚和奉献精神。然而，正如沃伦·巴菲特所说[33]，培训员工并让他们离开，与不培训他们却让他们留下，这两者中，后者更糟糕。

在过去的30多年间，企业经历了前所未有的解雇和外部招

① 组织公民行为（OCB）指的是有益于组织，但在组织正式的薪酬体系中尚未得到明确或直接确认的行为。其至少包括7个维度：助人行为、运动家道德、组织忠诚、组织遵从、个人首创性、公民道德和自我发展 。——译者注

聘潮，范围覆盖初级、中级和高级员工。全球人力资源公司韬睿惠悦的调研结果显示，有一半的雇主认为他们无法留住自己的顶尖员工，而约55%的雇主认为他们无法留住高潜力或关键岗位上的员工。[34]研究表明，失去精英员工对企业的伤害要远大于失去普通员工[35]，这一点并不让人意外。

近年来，出现了大量专注于提升被动求职机会的网站和应用程序。[36]每当新技术开始流行时，人们总会认为是它改变或显现了人类的某些行为（就像脸书让我们更善于社交，手机让我们更自恋）。然而，新的技术资源只是为了迎合早已存在但未曾被挖掘的需求。员工对工作感到失望，不能全身心投入工作，这个问题为该领域提供了创新的机会，而专业社交网站和职业管理应用便是技术对这个问题的回应。与在线约会类似，这些创新最初的目标是，通过提高市场的效率和消费者对选择的满意度，来缩小供求之间的差距。然而，也与在线约会应用类似，职业管理应用之所以成功，是因为它不能完全解决用户的问题，每过一段时间，用户不满意的情绪又会席卷而来。因此，领英以及类似的网站就像约会交友软件中的Tinder，它们一方面让寻找理想选择变得更加容易，另一方面也使人们面对选择时更难完全满意，因为它们不断为人们提供各种选择，诱惑人们并刺激人们的需求。[37]我们的选择越多，就越难做出抉择，也越难满意自己做出的决定，因为我们总是认为其他地方的草坪更绿。

自雇吸引力增加

员工每隔几年就跳槽到其他组织已经成为一个大问题，但更令人担忧的是，还有人愿意彻底抛弃传统的雇佣关系，自己出来单干，这无疑加剧了人才供应的问题。也许你已经注意到了，很多人选择了自雇，尽管他们完全能胜任一份全职的工作。你可能还认识一些最近放弃上班而选择自雇的人，说不定正在读这本书的你也属于这一类人，毕竟很多人力资源专业人士都选择自己单干。

在发达经济体中，那些受过良好教育、收入颇丰的专业人士通常更有可能主动选择单干[38]，或者在全职工作之外还有其他自由职业，甚至同时拥有两份甚至三份工作。[39] 虽然宏观经济指标没能反映自雇或自由职业活动的绝对水平发生的实质性变化，但过去几十年自雇吸引力增加是个不争的事实。同样，最近的学术研究表明，与以往的历史趋势相反，从富裕或者发达国家移民到美国的人，其自雇的比例要高于那些来自贫穷和欠发达国家的移民。[40]

历史上，自雇人数大幅增加的原因一般是失业率过高[41]，如今，世界上许多地方依然是这样。这一现象就是经济学上著名的“避难效应”：大多数人只有在别无选择时才会选择单干。[42] 历史经验告诉我们，自雇者如果能力不够，相比于全职雇员，他们将遭受更大的损失，特别是在收入方面。[43] 然而，在过去 20 多年里，即使是在经济繁荣期，自雇的比例依然维持在高位，甚至还有所上升。例如，2008 年金融危机爆发后，英国自雇人数急剧增加。

然而，至2018年，尽管英国经济已经摆脱衰退超过7年，其失业率已降至约5%，但相比于2008年，选择自雇的英国人增加了70万。[44] 此外，在包括经济合作与发展组织成员国在内的发达国家，自雇比例和失业率之间已没有明显的关联。[45]

这一切都解释了为什么以按需用人理念为基础的自雇经济被誉为这个时代的工业革命。人们将这股举足轻重的劳动力描述为“自由职业的国度、创意阶层和‘e’经济的崛起，这个‘e’代表了电子（electronic）、创业（entrepreneurial），或许也代表多元（eclectic）”。[46] 正如《经济学人》所言：

> 无论是在电商Etsy上还是在易贝上售卖你的手工艺品……或者通过爱彼迎把闲置房间租给游客（抑或通过JustPark把私家车道和空车位租给需要停车的人），工作的范畴似乎正在发生改变。[47]

当然，人们选择单干的原因有很多。[48] 盖洛普咨询公司研究了人们离职的真正原因。与大众的直觉相反，员工离职的头号原因并不是薪酬低或者缺乏机会，而是员工和他们直系领导的关系糟糕。有句话说得好：人们进入公司，却因为老板而离开。元分析研究表明，最常见的离职原因包括压力大、缺乏职业发展机会、缺少自主权和领导者有问题——在很大程度上，前面3个问题都和领导者有关。[49] 因此，为了当老板，自己选择单干也实属正常，因为这样就不用和领导者打交道了。虽然还没有独立的经过同行评审的文章研究这个问题，但可以预测，发达国家中那一大批乐于自雇的人，实际上是被无能或糟糕的领导者逼的，最后才意外选择了自雇。换句话说，自雇经济在很大程度上是由糟糕的老板推动的，这表明，为自己工作是应对无能领导者的良方。

同样值得注意的是，自雇经济虽然通常不会促进经济增长，但对个人来说，似乎又是划算的。平均来看，自雇人士的工作时间更长，如英国自雇人士的工作时间比上班族长约 6%[50]，同时烦恼的事情更多，赚得更少，但他们对工作和生活的满意度依然要高于上班族[51]，这在一定程度上是因为他们获得了对自己职业的掌控感。[52] 因此，有那么多全职员工想自己单干也就不奇怪了。[53] 如果不用和自己的直系领导打交道，即使降薪 15%，大多数人也会很乐意。因此，企业在抢夺人才的同时，似乎也在发起一场“人才消耗战”，以推动高技能人才选择自由职业。

如果企业能够更好地识别和吸引关键员工，那么选择自己单干的人就会变得更少，而自由职业和零工经济的人才池将主要由非技术工人组成。当然也会有例外，某些行业，比如农业、建筑业和专业服务业，将继续依赖合同工来满足大部分的用工需求。然而，在发展中经济体和欠发达经济体中，许多人才被迫走上自雇之路，这说明它们在人才争夺战中失败了。以我的故乡阿根廷为例，任何去过布宜诺斯艾利斯的人都会对当地的出租车司机印象深刻（在希腊或南非也是如此），他们会说不止一种语言，拥有专业学位，并且比一般的常春藤盟校的学生更加关注时事。然而，这表明该国在人才管理上存在严重失误，尽管它在教育上投入了大量资源（或者花了大价钱以吸引邻国的高技能移民），但除了自雇或过于简单的工作，它的国民找不到其他就业机会。换句话说，大量人才涌入自雇或自由职业经济，都是因为人才未得到充分利用，人才供应过剩意味着政府无能，造成了人力资源的浪费。这就像一个国家拥有丰富的黄金、石油和天然气等自然资源，但依然深陷贫穷的泥沼。

幸运的是，人才总是渴望自由。人们只要具备一定的技能、才能或人际魅力，即使企业无法帮助他们释放才华，或者从他们的才华中受益，他们最终也能找到方法，把自己的才华转化为有用的服务、产品和劳动。当创业公司和初创公司活跃的时候，这一现象最为显著。

创业精神高涨

当我教授工商管理学硕士课程时，我注意到，学生的职业抱负和就业意向发生了很大的变化。2000 年后，大多数学生都想进入摩根大通、德勤或IBM（国际商业机器公司）工作；2005 年后，他们最想进入谷歌、苹果和亚马逊工作；而如今，大多数人想自己创业，因为创业作为一种职业选择得到了大众太多的美化，每个人都想复制史蒂夫·乔布斯、埃隆·马斯克或马克·扎克伯格的成功轨迹，像他们那样成为传奇般的亿万富豪。因此，《福布斯》杂志赞颂道，“全球创业阶层崛起”[54]，并把创业者称为“明日之星”。[55]《企业家》杂志称创业者为“英雄”。[56]《哈佛商业评论》宣称，这是“创业色情的崛起”。[57]将创业比喻为色情很有创意，我多希望这是我想出来的，但可惜只能在这儿借用一下。

这股创业热潮之下，是和我们司空见惯的创业神话形成鲜明对比的残酷现实。正如斯科特·谢恩在2008年出版的那本经典著作《创业的幻觉》中所描述的那样，大多数创业者都会失败，只有少部分企业能够成长，并且对绝大多数创业者来说，选择传统的就业方式更好。这个观点很合理，毕竟要想创业成功，你需要掌握一系列的技能，你要担负的角色包括“发明家、投资人、会计师、促进者、组织变革专家、领导者、技术专家、市场营销专家和顶尖销售员”[58]。此外，研究还表明，创业才能的维度是多方面的，要想成功，创业者需要展现出一系列的人格特质，例如强烈的成功欲望、自主性、创新性和抗压能力，而这些特质很少能共存。因此，在对创业这一主题进行全面梳理之后，谢恩指出，大多数创业者都是不合格的企业家。

当然，怀揣创业梦想也有其积极的一面，它可以在一定程度上降低失业率。[59]当经济下行时，人们需要展现出创造性和创业精神，积极寻找机会并利用潜在的资源，让自己从失业或未充分就业的泥潭中爬起来，变成自雇者或小企业家，从而帮助市场进行自我修正。此外，无论何时，创业者都能通过缩小供需差距来促进经济均衡。[60]然而，即使是在那些创业风行的国家，也只有1%的人选择在一家成立不到两年的公司工作，相比之下，近60%的人选择在那些创立超过10年的公司工作。[61]因此，创业主要对个人有好处，但对市场的好处并不明显。

尽管如此，人们创业的热情依然高涨。2008年，也就是谢恩那本开创性的著作出版的那一年，谷歌上“创业者”一词的搜索量为3 700万次，到了2016年，搜索量已增至1.73亿次。同样，关于创业的正规教育项目数量，也从20世纪70年代的寥寥几个增加到2016年的1 600多个。[62]在美国，每年创办企业的人比结婚或生子的人还要多。《福布斯》杂志估计，美国每个月都会有超过50万家新企业诞生。[63]然而，相比于1910年的水平，美国人如今的创业热情有所下降，那时创业的人数比例更高。秘鲁人和土耳其人创业的比例几乎是美国人的4倍，因为他们的就业机会更少。也正因如此，在硅谷，优秀人才更倾向于加入大公司，例如谷歌、脸书和苹果，而非创业公司。

与自雇的情况类似，创业者的主要诉求就是不为他人工作。那一小部分创业成功的人，在创办公司之前，几乎都在为其他组织工作。从这个意义上来说，他们的新事业是从他人的事业中孵化出来的，并在一定程度上得到了其资助。研究表明，如果公司想要创新，创业型员工正是它们需要留住的人才，但这些人往往更有可能离开目前的公司，去创办一家新的公司。[64]

其中一个可能的原因是，具有创业思维的人往往不会循规蹈矩，他们具有开创性和颠覆性，对无能管理层的容忍度较低（也不被无能的管理层喜欢）。换句话说，真正具备创业能力的少数人是大型组织的关键资产，但管理者和领导者往往不愿忍受他们难以相处的个性和强烈的自我意识。我们很难去指责员工，怪他们无法应对无能或可憎的管理者，但管理者必须明白，面对那些难管但有才华的员工，特别是那些有潜力为公司创新和成长做出贡献的人才，自己要有充分的理由去忍受他们。相反，如果所有的管理者都只想要循规蹈矩的员工，那么他们将会收获一支只会说“好的”的团队，而且公司的发展将会放缓，甚至走向停滞的死局。正如《经济学人》所言：

> 传统的人才管理方案之所以会失败，是因为它们很少顾及那些思维上富有创造性和创新性的独行侠和局外人，这些人在传统的评估标准下表现不佳。[65]

我将这种现象称为“意外增长领导力”，即糟糕的领导者将创造性人才开除或驱逐出团队或组织，却在无意间促成了创新。这种人才流失的现象鲜有人讨论，其破坏力远超人们的想象。正如马克斯·马默在《哈佛商业评论》的一篇文章中所言：

> 他们没有将才华奉献给那些真正能够解决重要问题并带来变革的公司，而是选择开发另一款无人问津且乏味的苹果

应用程序。因此，许多原本有变革潜力的初创公司因为招聘池枯竭患上了团队功能失调症。[66]

痴迷于“干一件大事”而放弃大公司的工作，根本不考虑想法本身有多乏味和琐碎，这一现象在美国HBO电视网出品的电视剧《硅谷》中得到了淋漓尽致的体现。在这部剧中，绝顶聪明但不善社交的年轻人拒绝了更好的职业机会，赌上一切去追求他们不切实际的创业梦想。

研究表明，创业者通常比普通人更加自信，许多创业者认为他们成功的概率是100%。虽然这解释了他们为什么更倾向于冒险，更愿意创办企业，但过度自信会对公司业绩表现产生消极而非积极的影响。因此，你自满的程度越高，你越有可能成为一名创业者，但与此同时，你成功的概率也越低。[67]

千禧一代指的是出生于20世纪80年代初至90年代末的人，这代人对创业特别感兴趣。例如，来自53个国家的数据表明，全球近50%创业者的年龄在18岁和25岁之间。[68]这个数据很重要，原因有两点。第一，在大多数国家，千禧一代已经成为职场中的中流砥柱。按照计划，他们本来是要接替那些即将退休的年长员工的，但如果大量千禧一代选择创业，谁来填补大型组织中空缺的职位呢？第二，千禧一代普遍对辛劳的工作不太感兴趣，他们更关注享乐，比老一辈更强调个人主义。[69]科学研究同样表明，自恋是一种以不切实际的积极自我认知、过度自信和特权感为特征的人格特征。自恋的人正变得越来越多，千禧一代自恋之人的比例高于其他世代。[70] 这些特质表明，尽管千禧一代更倾向于创业，但相对于老一辈，他们的创业能力可能更加不足。

简言之，尽管专业人士和普通人对人才的关注达到了前所未有的高度，企业为了赢得人才争夺战也投入了巨额资金，但“战况”依然不容乐观。大多数人并不喜欢他们的工作，这就解释了为什么他们希望获得更好的机会，也越来越愿意接受自雇和创业这种风险更高、收益更低的选择。人才争夺战似乎只是一种错觉，而人才消耗战才是现实。

为了打赢人才争夺战，人力资源部必须成为提升组织效能的驱动力，成为业务增长和生产力提高的引擎。要实现这一目标，最好的方式就是提升公司吸引、管理和留住人才的能力。然而，我们很难相信，人力资源部门有能力履行这种至关重要的人才管理职能。其中的一个问题在于，现实世界的人力资源从业者虽然对人才满怀热情，但并不知道如何去定义人才。“人才”二字究竟意味着什么？这两个字在工作中如何体现？我们有哪些有效的方法来判断某人是否拥有才能？下一章将会回答这些问题。

第二章
定义人才

为便于大家理解人才，本章提供了四个简单的定义人才的法则。第一个是关键少数法则：在任何组织或群体中，少部分人贡献了大部分的集体成果。第二个是最佳表现法则：当一个人竭尽全力做某事时，我们可以根据他的表现来评估他的才能。第三个是不费力表现法则：当做同一件事时，如果一个人有才能，那么他能在花费较小精力的前提下，取得和普通人一样的效果，因为表现好坏取决于能力和动机两个因素。第四个是契合生存环境的个性法则：一个人如果能找到符合其天性和固有行为模式的环境或角色，就能展现出才能。正如本章所述，这四大通用法则可以应用在任何领域、职业或行业，以帮助你快速了解个体所拥有的独特才能。

一旦做到这一点，组织就能进入下一个关键步骤，即确定需要评估的具体品质和评估手段，以预测个体所拥有的才能。

* * *

穆罕默德·阿里是有史以来最伟大的拳击手之一，也是现代历史上最优秀的运动员之一。与大多数冠军一样，阿里的才能是天赋加后天培养共同作用的产物：他质朴的天赋在后天一系列重大的历练中得到充分打磨。阿里接触拳击时年纪很小，只有 9 岁，接触拳击的理由也相当随意。当时，脾气火暴且好斗的阿里发现他的自行车被偷了，他发誓要痛扁小偷一顿，刚好在那时，当地的一名健身教练建议他先学习拳击。那个小偷还算幸运，因为阿里一直没有找到他，毕竟，阿里在拳击台上击倒了绝大多数对手。拳击并不是一项普通的职业，正如阿里所说："这只是份工作，草在生长，鸟在飞，海浪拍打沙滩，而我痛击对手。"

显然，绝大多数自行车盗窃事件并不会催生拳击冠军或其他项目的精英运动员。然而，如果没有这一事件当催化剂，少年阿里可能会走上完全不同的职业道路。那名建议阿里学拳击的健身教练，很有可能在少年阿里身上发现了早期的天赋迹象，或者至少是潜力。但一个人无论天赋有多么出众，只有在接受了合适的训练和练习之后，他才能展现出卓越的能力。与阿里一样，任何你知晓的卓越人士都在他们的潜力上押对了宝，并积极有效地开发了他们的才能。

那么，什么是才能？

才能不是一个简单的现象，它无法被直接观察到（例如，它是什么颜色的，大小如何，我们能把它放在显微镜下观察吗？），评判才能的标准往往是模糊且难以捉摸的。正如罗马剧作家普劳图斯所言："最杰出的人往往隐藏在视野之外。"即使我们了解一些关于人才的简单定义，但如果我们抓不住人才的本质，我们也无法评估人才，更谈不上管理人才。就像在界定毒品之前，你无法打响反对毒品的战争；就像在仔细观察黄金之前，你无法启程去淘金。人才管理工作要想顺利地进行下去，首先要定义人才。

显然，人们对人才的定义多种多样，但其中大多数是错误的或不明所以的。人才定义方面的常见误区包括：把表现当作潜力，高估人才的数量，未能认识到人与人之间能力的巨大差距。这导致我们过分强调运气或努力。以下就是三个具有误导性但被广泛认可的有关人的才能的定义：

> 才能就是坚持……所谓的没有才能是不可能的……坚持就是才能，真的，你只需要坚持下去。才能就是永不放弃。[1]
>
> 我们都有各自的才能，方向和类型各不相同。有些才能我们共有，有些才能我们独享。[2]
>
> 才能是天生的。这就是才能与知识或技能的区别。[3]

虽然这些论述并不是我刻意选择的，但它们都具有代表性，都是关于才能的常见谬误。第一种论述将才能等同于自律和动机，但我们后面会谈到，自律及动机与才能是不一样的，后者是表现和成就的驱动因素；第二种论述根植于民粹主义思想，受到了积极心理学运动和心理自助行业的推崇，该论述认为我们每个人都有自己独特的才能（根据这一观点，某些人可能比其他人更有价值的想法是站不住脚的）；第三种论述看起来似乎更合理，但把才能视作一种固有物，认为其无法开发。

除了这些谬误，还有人主张避免定义人才。支持该主张的人一般认为，任何把人划分为“有才能”和“没才能”的做法，都是偏见在作祟。[4]他们质问道，为什么要将人按照确定性分类？为什么不能承认每个人都是与众不同和独一无二的，并不是“更好”或“更差”两字就能简单囊括的？为什么我们不能接受心理多样性，毕竟我们无法绝对准确地预测别人的表现？我们是不是不应该在别人身上下赌注？毕竟，即使有些人看起来更有才能，也总会有崭露头角的“隐藏瑰宝”、“黑马”和“潜在人才”，如果我们把他们排除在人才之外，对他们而言，岂不是很不公平？

当然，有不少在许多年里都默默无闻的天才，如果那些负责评估他们才能的人的心态能够更加开放，他们无疑会发展得更顺畅。这些曾一度沉寂的天才，例如大名鼎鼎的阿尔伯特·爱因斯坦，他在学校时表现平平，因为无法去大学工作只能当一名专利审查员，而且一干就是好几年；还有温斯顿·丘吉尔，他上学时成绩排在班级末尾，升学屡屡失败；更不用说J. K.罗琳，在出版第一本《哈利·波特》之前，她当过老师，并一度依赖政府发放的收入补贴勉强维持生计。几乎没有人能想到，她的书最终卖出超过 4 亿本，她积累的财富达到 10 亿美元。简言之，为什么我们需要“人才”这一概念呢？

这里有三个重要的原因。第一，虽然个体的行为模式并非完全可预测的，但也不是随机的。也就是说，如果你观察一个人足够久，你会发现，即使在不同的情景中，他的行为模式也存在着一定的一致性，这些行为模式使得这个人有自己的行事风格。第二，不能将与职业有关的高风险决策完全交给运气。就像医生如果假设所有病患都同样健康（或不健康），这对病患是不利的，雇主和人力资源从业者如果假设所有求职者都才华横溢，这对求职者是不利的，对公司也是不利的，毕竟公司内人才变少的话，公司会处于劣势。第三，如果想发展自己的才能，你需要先评估自己的才能。换句话说，你如果想变得更好，必须意识到自己的优势和不足。比如说，你的目标是成为一名歌剧演唱家，如果你能意识到自己在演唱方面存在不足，那么这是大有裨益的，因为为了实现这个目标（或者另选一个更可行的目标），你愿意付出更多的努力。

更不必说，即使人力资源从业者不评估候选人的才能，他们也会在心里对自己或他人的才能进行评估。研究表明，即使是通过一次短暂的交流[5]或仅凭一些极为肤浅的数据，我们也会对他人的才能做出大致的判断。有句话说得好，留下良好的第一印象的机会只有一次。尽管这些判断根植于带有偏见的态度和刻板印象，但结果往往是准确的。研究表明，普通人仅凭管理者的照片就能较为准确地判断管理者是否具有才能。[6] 毫不奇怪，人力资源从业者、招聘官和面试官等专业人士对评判才能这件事更为上心。因此，假装忽视人与人之间的才能差异，声称摒弃判断人是否有才能就能让世界变得更加美好的做法是虚伪的。事实上，我们对人才问题非常关注，我们需要判断别人的才能，也需要判断自己的才能。

那么，该如何定义才能？其基本前提实际上非常简单，即才能是一种归因，但它又是不可或缺的。换句话说，任何有关才能的概念都是由社会构建出来的，其是为了预测个体未来在某项任务、工作和职位上的表现而人为创造的概念。但是，为了提高预测的准确性，我们应该先厘清人才的概念，并基于关键的个体差异因素——相关属性——进行判断，因为它们能帮助我们判断哪些人可能会表现得更好，并量化他们每次表现所付出的努力。

为此，接下来我将概述有关人才的四项基本法则。这些法则可以应用在任何工作、职业和行业里，以帮助我们进行人才分类。

关键少数法则

从产出或生产力的角度，我们可以更加容易地抓住人才的本质。经济学中有一个普遍规律：在任何组织机构中，20%的员工贡献了80%的产出，而80%的员工贡献了余下20%的产出。[7] 同样，20%的员工会造成80%的问题，反之亦然。因此，定义人才的第一项法则被称为帕累托效应，也叫作关键少数法则或二八法则。这一法则认为，团队中的大量结果或总体效应都是由少数成员带来的[8]——你几乎能在所有绩效领域找到这种分布模型。而在实际工作中，这种分布往往更接近于 9∶1 而非 8∶2，我们未必每次都能通过明确的指标观察到这一点，毕竟组织常常缺乏员工客观的绩效数据。

那么，哪些员工是有才能的呢？答案显而易见：那些贡献了 80% 生产力的 20% 的员工，或者说，那些为公司成功做出最大贡献的少数人。通过这种方式，关键少数法则为我们提供了一个简单的方法，以将个人行为与组织成果联系起来，并且还可以量化每位员工的潜在或实际价值。

帕累托效应在组织中的应用非常广泛，最著名的就是管理个人绩效的二八法则——将大部分精力集中在少部分能带来最大收益的任务上，而不是在大部分收益不高的任务上浪费太多时间。然而，二八法则未能融入日常人才管理的方法中。其中一个原因在于，告诉人们他们属于那 80% 的大多数是困难的；另一个原因在于，尤其对管理者而言，他们很难接受组织中绝大多数人的贡献相对较少，即使考虑到他们的累计产出也是如此。

从本质上来看，帕累托效应是一种不平均分配原则，其用在人才管理中的原因也显而易见——人才在总体人口中的分布也不是平均的。然而，对包括管理者在内的大多数人而言，二八法则是反直觉的，因为它和人们普遍接受的正态分布（高斯钟形曲线）理论相左，后者认为大多数人都处于平均水平或接近于平均水平。虽然人们生活中的大多数事物，包括身心特征，确实是呈正态分布的，但它们对与绩效相关结果的累计影响在很大程度上取决于少数人的贡献。换句话说，我们可能生活在一个正态分布的世界，但钟形曲线最右侧尾部对整体的影响要远大于集中在曲线主体下方60%～70%的部分。正如物理学家、诺贝尔奖获得者P. W. 安德森所说："现实世界在很大程度上是由正态分布的'尾端'决定的，它们和中间段或平均值同样重要：由特例而非常规决定，由突如其来的灾难而非逐渐下滑决定……我们需要摆脱'平均'思维。"[9]

帕累托效应的另一个重要启示是把占比80%的劳动力再细分为两组，即B组和C组（A组是前20%）。如图2-1所示，B组紧挨着A组，在其左侧，由30%的劳动力组成，贡献了10%的产出；而C组位于底部，由50%的劳动力组成，贡献了剩余10%的产出。[10] 这一设想最早由柏拉图提出，他认为人可以分成三个层级：黄金、白银和青铜。

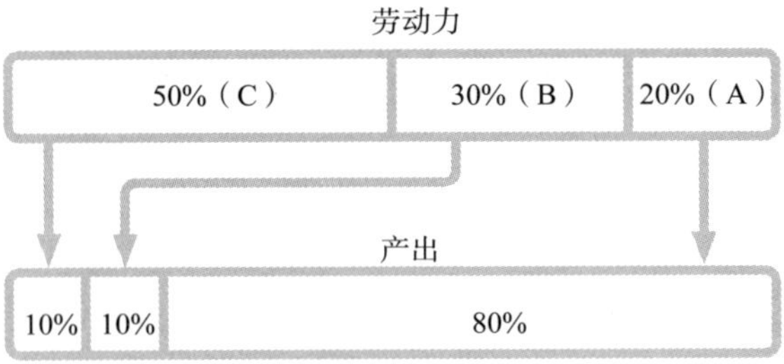

图2-1 生产力的三个层级

关键是，帕累托效应还表明，有人变得更糟，才会有人变得更好：如果有员工进步了，成为前 20% 中的一员，那么必定有人掉入了后 80%。[11] 因此，组织不应想着消除或改变这种帕累托分布，因为它总会存在，而应确保其前 20%（“关键少数”）的员工尽可能地富有生产力，并且比竞争对手前 20% 的员工更具生产力。另外，还有一个关键点在于，确保后 80%（“不重要多数”）尽可能地高效，并且要比竞争对手的后 80% 更加高效。

全球许多顶尖公司已经把关键少数法则融入自己的人才管理流程。例如，通用电气公司将其员工分为三组，以标识他们的潜力。印度斯坦联合利华和诺华公司在早期识别出小部分有才干的人，然后投入大量的时间和资金来培养他们的领导潜力。[12] 注意，它们的关注点不是让每个人都变得更优秀，而是进一步培养那些已经很优秀的人。综上所述，依据帕累托法则来定义人才，能让组织采用专属的人才管理计划，并将注意力集中在关键的少数人身上。[13]

尽管如此，精英主义仍存在缺点。正如《经济学人》所言：

> 对员工进行匆忙分类时，公司可能会错过潜在的人才，而那些被挑选出来得到特殊待遇的人可能会变得过于自满。但前者可以通过灵活调整来解决：在一项工作中表现平平的员工可能在另一项工作中熠熠生辉。那些变得过于自满的员工也可以被淘汰。[14]

最佳表现法则

一个问题，就是一个让你竭尽全力的机会。

——杜克·艾灵顿

定义人才的第二个法则是聚焦一个人在最佳状态下的产出或能达到的最高水平的产出，即最佳表现法则。也就是说，当一个人保持高度积极性、状态最佳时，看看他在全力以赴之后能取得什么样的结果。这一法则把才能等同于个人的最佳表现，才能被定义为“在特定领域中，一个人选择全力以赴时，他在短时间内按照要求展现出的水平”。[15] 这一定义是如此直观，以至于几乎不需要进一步探讨。当评估某人在唱歌、跑步或思考方面是否具有才能时，只有在确定当事人付出巨大努力之后才有意义和说服力。如果这个人确实全力以赴了，那么我们可以得出结论，他的表现代表了他的才能，但如果他对此心不在焉或没有尽力，那么我们的推测就如同抛硬币。因此，尽管才能是概念性的而非直接可以观察到的实体，但当一个人展现出最佳水平时，他的表现为我们了解他的才能提供了一个最清晰和直接的窗口。

最佳表现法则源于一个古老的观点：要想理解人类的行为，必须考虑行为发生的背景及其潜在动机。这一观点立足于两个关键的假设。第一，当描述一个人，比如描述他和别人的不同之处，以及他的突出点和独特点时，我们可以选择关注他的能力或者他的典型行为。[16]换句话说，问题的关键在于，是大多数时候我的表现和你不一样，还是只在我和你都尽力而为时表现得不一样（可能只会偶尔发生）？第二，影响表现的因素包括能力（才能）和努力（动机），虽然这两者对表现的影响因人而异，因任务而异，但当人们竭尽全力去做某事时，才能将成为决定人们表现的关键因素，同样，当人们的才能接近时，动机将成为决定表现的关键因素。因此，才能为最佳表现设置了一个上限，当你竭尽全力做某事时，你也展示出了自己最佳的一面。

为使人们达到最佳表现，心理学家还规定了理想情况下应该具备的三个条件。[17]

1. 要求人们拿出最佳表现；
2. 告知人们，他们的表现将会被评估；
3. 表现的持续时间应该足够长，以便获取可靠的数据，但也不应太长，以免导致表现下降（例如，由于疲劳、无聊等难以长时间维持最佳状态）。

以跑步为例，因为跑步速度是确定且易于测量的（虽然对大多数现代工作或组织能力模型来说该技能显然不是核心技能）。设想一下，我们需要评估你跑步的最快速度，而最好的评估方法就是为你创设能实现最佳表现的条件，这包括：（1）要求你跑得尽可能快，最好还要激励一下你；（2）告诉你我们将测量你的跑步速度；（3）给出具体的跑步时间或距离（例如，让你尽可能快地跑1分钟，或者尽可能快地跑300米）。有可能跑一次并不能展现你的跑步能力，但多跑几次，你的表现可能会趋于一致，我们就能观察到你的最快速度或接近于此的速度。通过这种方式，我们就能知道你跑步的水平。

重要的是，无论你跑步的最快速度是多少，都不意味着你通常会按那个速度跑步。实际上，你的日常表现，也就是你大多数时候所保持的状态，也许和你的最佳表现毫无关系。同样，用一个人日常跑步或走路的速度来判断他的跑步速度的做法是愚蠢的。不过，这也并不意味着我们永远不能从一个人的日常表现来推断他的才能。当音乐家、运动员和演员训练时，他们的表现依然会超越99%的人，即使他们正在为真正重要的时刻积蓄力量，并未展现自己的最佳水平。

那么，怎么来解读日常表现？日常表现主要指那些“人们未意识到有任何表现评估或需要投入额外努力的指示”的持续状态。[18]在日常表现情况下，人们的动机通常较低，这主要是因为个体并未感到自己正在被观察，他们的行为也不会影响后续的决策（例如奖励、惩罚和晋升）。人们的动机越强，日常表现和最佳表现之间的差距就越小。我们的性格也在很大程度上决定了我们展现最佳水平的频次。这解释了为什么那些更自律、更认真、更有职业道德的员工会更加频繁地展现自己的最佳水平。[19]同样，那些认同感和成就需求更高的人在做人做事方面往往有更高的标准，因此，他们也会更频繁地展现自己的最佳水平。这一点不仅在个体层面可见，在文化层面也可见。例如，东方文化更强调集体主义，更尊重正式规则和权威，因此，人们更不容易懈怠。[20]研究还表明，保持较强的好奇心、求知欲和审美敏感性是乐于接受新体验的特征，它与我们的最佳表现相关；而情绪敏感、有焦虑和负面倾向是神经质的特征，它与我们的日常表现呈负相关。[21]

对大多数人来说，日常表现是一种低利害性的产出或表现的“节能模式”。一个常见的例子就是“社会惰化”，即人们在团队任务中，因为期待其他成员来完成任务而产生一种懈怠倾向。[22]社会惰化是生产领域的旁观者效应，它让当事人无法积极地贡献自己的力量，因为其他人的存在稀释了他的责任感——“反正其他人都在，我为什么还要行动？”团队越大，任务越无趣，个人对团队的关注越少，评价表现时越是以集体而非个人为单位，人们就越容易陷入社会惰化，个人的最佳表现和日常表现之间的差距就越大。同时，当人们感到能力不足、任务过难，或因追求完美表现而压力过大时，即使是在最佳表现条件下，人们也容易发挥失常，表现得不如平时。[23]这种现象在求职面试或员工选拔测试等高利害性活动中相当普遍，当事人感到紧张和焦虑时尤为如此。[24]

考虑到管理者通常根据员工的最佳表现来做出重大人事决策，特别是在进行人员选拔的时候，因此，如果员工的最佳表现和他们的日常表现有所联系，那将有很大帮助。以选拔面试、能力倾向测验和工作模拟为例，这些方法被广泛运用于招聘和人事管理。这些方法的主要价值取决于其能否预测候选人未来的表现。然而，由于日常表现和最佳表现的相关性较弱，两者重叠的比例不到 20%[25]，因此，这些方法主要用来预测员工的最佳表现，而非日常表现。研究表明，在选拔程序中使用的能力倾向测验，如智商或智力测试，在预测候选人的最佳表现时最为有效，而在预测日常表现时不尽如人意。[26]

因此，如果你想知道最优秀的员工是谁，答案会因你关注的是员工的最佳表现还是日常表现而有所不同。[27] 当你关注前者时，答案会与员工的才能有关；当你关注后者时，动机成了最主要的考量因素。同样，一个人的领导潜力在日常表现和最佳表现条件下的体现会有所不同。[28] 即使是最糟糕的老板，人们往往也能在某些时刻想起那位老板曾展现出某种才能和技艺。

或许，区别最佳表现和日常表现的最大价值在于，它解释了我们熟知的表现不佳现象。当一个人的最佳表现让人印象深刻，甚至能让他成为群体中的前 5%或 10%时，毫无疑问，他是有才能的。然而，如果他很少能复刻自己的最佳表现，那么我们可以断定这个人没有充分发挥潜力。很多伟大的运动员都属于这一类，他们才能出众，作为职业运动员，他们甚至能跻身其所在运动领域的世界前 100 名。此外，他们通常也有能力击败排名前十的运动员，偶尔还能战胜排名第一的选手。然而，他们无法频繁地复制自己的成功，在日常比赛里表现较差，成为浪费才能的典型。

同样，在其他领域中，总有人未能达到预期的成就，因为他们不能频繁地展现出自己的最佳水平。

不费力表现法则

才能上的不足，我愿用勤奋来弥补。这就是我生活的秘密。

——盖伊·川崎

尽管关键少数法则与最佳表现法则为我们评判人才提供了两个简洁有力的标准，但它们关注的主要是过去的行为，或者一个人已经做过的事情。关键少数法则将那些贡献的产出在前20%的人定义为人才，最佳表现法则将人的才能和他的最佳表现挂钩。然而，要想更加全面地考察人才，我们也应该关注那些表现尚未达到最佳的个体。这包括那些还不是“关键少数”但有潜力成为其中一员的人，以及那些还未展现过最佳水平的人，他们可能比我们预想的更有才华。

要想克服这种局限性，有一个方法就是考察一个人为表现出最佳水平所付出努力的程度。如前所述，影响表现的因素包括才能（能力）和努力（动机）。[29] 这一概念因马尔科姆·格拉德威尔的著作《异类》而为人所知，他说，“成就就是才能加上准备”，但这一观点并非完美无缺，因为他认为准备的重要性远超才能。可以说，大众通常和马尔科姆·格拉德威尔一样，坚持认为非凡成就 99% 来自汗水。然而，这种想法纯粹是一厢情愿，这对那些高举功绩主义旗帜（你如果够努力就一定会成功）的人来说尤为如此。我们身边普遍存在一种偏见，即人们会选择性地强调努力和动机在成功中的作用，而弱化甚至忽略才能的作用。

同样，也有一些杰出的人将自己的成功归因于努力工作，甚至“运气”。例如，作为世界上曾经最大的广告公司的创始人，查尔斯·萨奇曾被问及，他是如何创纪录地在短时间内将公司推向行业第一的宝座的，他回答道：“我给不出一个现成的答案或公式，但我们工作得非常努力，且运气极好。”[30] 不可否认，努力在萨奇取得成功的过程中发挥了关键作用，但更有可能的是，才能而非运气才是他成功的关键要素。

实际上，即使人们的努力程度相同，个体间的表现也会存在明显差异，这说明，除了动机，一定还有别的个人特质造成了这种差异。换句话说，你可以让人们接受相同的训练和做同样的准备，让他们有同样的动力，但他们的产出很难保持一致。大量证据表明，即使人们都接受了 1 万个小时的才能练习或训练，他们对知识的掌握程度也依然存在差异，取得的成就也各不相同。[31] 因此，当两个人付出相同的努力时，才华更出众的一方将表现得更好；当两个人表现相当时，才华更出众的一方所付出的努力更少。

如果说表现等于才能加上努力，那么才能就等于表现减去努力。换句话说，才能就是毫不费力的表现。这意味着，当一个人和别人的表现程度相当，但他所付出的努力比别人要少时，他就更具有才能。事实上，正是这个人的才能成就了他的表现。由于他不依赖于努力，因此才能必须是关键因素。这一简单的公式能帮助我们理解那些为人熟知、天赋异禀的人，即那些没有经过多少练习和准备就能表现卓越的人。最明显的例子就是那些神童，他们往往不到 10 岁就展现出专业级水平[32]，他们的努力明显支撑不了他们的成就。鲍比·费舍尔就是一个很好的例子，他 6 岁开始下棋，15 岁便成为美国全国冠军。还有莫扎特，他 5 岁时就发表了自己的第一部音乐作品。再比如杰里米·边沁，他 12 岁就被牛津大学录取。

在付诸实践的过程中，才能对成就的影响也是显而易见的。当专家或专业人士工作时，如果你观察过，你会从他们身上发现一种毫不费力的掌控感。无论是路易斯·苏亚雷斯的进球、塞雷娜·威廉姆斯的发球、妮娜·西蒙的演唱，还是梅丽尔·斯特里普的演技，任何领域的杰出人才表现出的不仅仅是卓越，更是一种毫不费力。德国哲学家马丁·海德格尔将这种能力的具备归因于他们有某种专长，并将这种专长定义为一种忽略情境中无关因素的能力。因此，当专家看待一个问题时，他们不会理会情境中无关紧要的因素。相反，当门外汉或新手面对同样的问题时，问题对他们来说难得多，因为他们会关注情境中无关紧要的因素，这会浪费他们的精力，让他们付出更多的努力。因此，“才能＝表现–努力”这个公式也许有助于你找到自己的才能。如果你做某事非常容易，那么你可能在这方面拥有才能，或者至少比别人有更快地发展这些才能的潜力。

让每个人都相信只要足够努力就能实现任何目标，这听起来很美好，但存在两大问题。第一，成就动机并不像我们想象的那样容易培养，你不可能仅仅因为想要就突然变成一个非常努力或成就很高的人。相反，职业道德和驱动力在很大程度上与个人性格有关，因此其受到我们早年（甚至出生之前）发生的一系列因素和事件的影响。第二，即使你能投入大量时间和精力去追求一个目标，斗志满满，不达目的，誓不罢休，这也不能保证你达到卓越水平。此外，即使进取心不强的人能有机会变得野心勃勃，他们也有可能拒绝这个机会，因为他们明白这意味着开启一段艰难而清苦的旅程，而这样的自律并不能保证他们取得成功。大多数人不是想要努力去取得成就，而是想要已经取得成就的结果。

契合生存环境的个性法则

才能在于选择。

——罗伯特·德尼罗

第四个评估才能的法则是看一个人的个性是否契合生存环境。这里所说的“个性”指的是个人的典型倾向或默认偏好，包括他的价值观、兴趣、技能和一般行为模式[33]，也就是我们在描述一个人时所涉及的全部个人特质。当这些特质与合适的任务、背景或环境相匹配时，它们将成为个人重要的职业武器，也是组织绩效的关键驱动因素。相反，如果匹配不佳，在好的情况下，员工会显得无关紧要，在不好的情况下，员工甚至会带来消极影响。

个性也可以被理解为一种“应对生活状况的策略性功能”[34]。每个人的个性不同，其有效应对不同情况的能力也有所不同。也就是说，你天生的行为倾向在某些工作中可能是一种优质资产，但在别的工作中就不是了。科学的人员选拔原则中有一条代表了这种理念：为了预测和有效影响一个人的工作表现，我们应该聚焦与特定职位相关的重要素质或属性。[35] 换句话说，如果你想搞清楚某个职位究竟需要什么才能，一个关键问题就是找出能提升该职位表现的具体行为。

下一个关键问题是哪些人更有可能表现出那些行为。无论是面对特定任务（如驾驶、销售、谈判），还是预测更广泛职业（如银行家、心理学家、人力资源经理等）的成败，这一逻辑都同样适用。各领域的杰出人才展现出的核心素养各不相同，但通常来说，高成就者能找到符合他们自然倾向或默认行为模式的生存环境：一个契合他们个性的家庭或职业生态系统。

人们通常认为成功人士是有才能的，因为相对来说他们更能适应环境，但实际上是他们身处的环境让他们的个性成为宝贵资产而非绊脚石。即使他们的个性中有一些令人反感的特质，这一点也依然成立。例如，金·卡戴珊很自恋，渴望得到别人的关注，在如今这个时代，这些特质正是成为名人的必备条件。如果你的目标是出名，学习她的这些特质对你大有裨益。同样，被称为“政界金·卡戴珊”的唐纳德·特朗普善于政治辩论，因为他能通过看似不经意、颇具争议且荒谬的言论来娱乐大众。由于美国总统竞选已经演变成电视真人秀节目，许多选民对传统政客也不再信任，因此，特朗普的个性有了用武之处，成为他的宝贵资产和职业武器。

如果你站在一个文化人的立场上，很难把唐纳德·特朗普和金·卡戴珊归为人才（我能理解这一点），那么下面还有一些更容易接受的例子，它们充分说明了一个道理：才能在很大程度上是契合生存环境的个性。

- 许多功成名就的创业者，包括那些白手起家的亿万富翁，都在大型企业中显得格格不入，水土不服。史蒂夫·乔布斯曾被自己创建的公司解雇；WhatsApp的联合创始人曾经申请脸书的工作但被拒了，后来脸书花了将近200亿美元收购了WhatsApp。[36]
- 作为电视节目主持人，奥普拉·温弗瑞曾经因为表现得“过于情绪化”和对所报道的故事“投入过多”，而丢掉了她的第一份新闻主播工作。[37]然而，这种主持风格使她成为史上最成功的电视节目主持人之一，她的净资产达到了30亿美元。

- 作为史上最具影响力的科学家之一，牛顿在剑桥大学开始自己的学术生涯之前，曾负责管理家庭农场，但结果一塌糊涂。[38]

同样，许多杰出的人离开自己的专业领域后很难表现突出。例如，你会聘请尤塞恩·博尔特担任你的信息技术主管吗？或者让阿黛尔·阿德金斯做会计，让安格拉·默克尔当单口喜剧演员吗？如果你的答案是否定的，也许并不是因为他们做不了这些工作（他们也许有能力学习这些技能），而是因为让他们做这些工作会浪费他们的才能。卓越的公司，例如谷歌，都会定期调整低绩效员工的职位，提高他们与职位的契合度，从而提升他们的工作表现。[39]

因此，可以说几乎所有的人才管理干预措施都是为了提高个人与岗位的契合度，也就是“个人与其工作环境中某些方面的兼容度或匹配程度”。[40]如果人才管理干预措施不是这样，那就应该改成这样！例如，招聘干预措施应最大限度地提高求职者与所聘岗位之间的匹配度，“将合适的人放在合适的岗位上”，这是人事决策必须努力达成的目标。同样，领导力发展干预措施旨在提高领导者和其团队或其组织目标之间的契合度。最后，那些用来提高员工投入度的干预措施，主要是为了提高员工与组织的契合度，特别是在组织文化及氛围方面[41]，它们被定义为“组织中普遍存在的潜意识假设、共同意义和阐释事物的方式”以及员工对

“事情运作方式”的了解。[42]

此外，数百项科学研究表明，当员工个性和工作任务相契合时，他们的表现更佳。[43] 例如，对于那些充满压力或者需要在压力下做出决策的工作（如投资银行家、神经外科医生、消防员），情绪稳定的人表现得更好；而对于那些需要悲观思维、关注细节和高度警觉性的工作（如空中交通管制员、健康与安全员、学术研究人员），焦虑型的人做得更好。另外，对于那些需要大量和人打交道，特别是还要建立信任关系并维护关系的工作（如公关专员、客服代表、教师、护士），友好而外向的人做得更好；但对于那些需要做出艰难决策、有话直说的工作（如军队将领、首席财务官、足球经理），冷酷的人更合适。对于那些需要大量交际活动和公开演讲的工作（如政治家、地产经纪人、单口喜剧演员），外向的人更有优势；但对于那些需要独立工作并保持长时间专注的工作（如图书管理员、软件开发人员、审计员），内向的人会更合适。重要的是，个性与工作匹配效应在纵向研究中也得到了证实。例如，一个人在青少年时期的外向程度每增加一个标准差，他成年后作为管理者的薪资就会增长 7%，作为销售和服务人员的薪资就会增长 4%，而作为其他专业人员的薪资就会下降 2%。[44]

简言之，你是否有才能在很大程度上取决于你是否处于一个合适的环境。但这并不意味着有才能的人仅仅是运气好，相反，他们先审慎地选择自己的赛道，以便把自己的典型倾向和默认偏好转化为职业优势，然后才做出了明智的职业选择。要做到这一点，你必须有较高的自我认知。你如果不了解自己，就只能靠运气找到一份合适的工作。这说明，无论是评估自己的才能还是评估别人的才能都是相当重要的。除非我们能有效地评估人们的才能，否则很难为他们找到合适的岗位。

第三章

评估人才

本章将探讨与评估人才相关的两个关键问题：我们应该评估什么，以及我们应该如何评估。即使人才二字已经有明确的定义，但为了能确切地评估人才，我们依然有必要将其分解为数个关键要素。我们如果不能评估人才，就无法管理人才。人才评估涉及易相处（rewarding）、有能力（able）和有愿意（willing）这三个基本要素，即RAW模型。换句话说，在任何工作、角色和组织中，相比于那些才能稍逊一筹的同事，一般来说，更有才能的人在亲和力、能力和驱动力这三点上做得更好。至于该如何评估，本章将介绍几种科学且成熟的方法，来帮助你量化个体的才能。这些方法包括：结构化面试、长期评估、智商测试和个性评估。

只要能正确把握人才评估的内容和方法，无论在哪个行业，我们都能相当准确地预测个体展现出最高水平的可能性。因此，人才科学是可靠且可预测的，但问题在于它在现实职场中运用得少之又少。

* * *

人才选拔科学早在百年前就已诞生，但决策者依然习惯见机行事，或者依赖那些缺乏学术严谨性的工具。当询问管理者如何识别人才时，他们最常见的回答是“我一看就知道”或“就是凭感觉”。然而，有确凿的证据表明，相比于基于数据和实证做出的决策，基于直觉做出的决策总会带有更深的偏见（因此有效性也更差）。人才未能得到科学评估，其中一个重要原因是，人们认为严格的测试难以实施且耗时，而且主观评估似乎“也还可以”。然而，用严谨的学术方法筛选人才的投资收益率是经过验证的，依赖个人直觉则代价高昂。这就带来了一个问题：如果你启动了人才管理项目，却没有识别人才的能力，你注定不会走得太远。

这个问题的主要原因在于，很少有组织善于评估员工的工作表现，如果你无法从众人中识别出最佳员工，那么你将很难识别出优秀员工所具备的素质。这让人非常失望，而且量化劳动力产出及生产力的科学工具或方法并不缺乏。事实上，对工作表现的评价标准的研究已经非常广泛。[1] 虽然这方面的诸多研究聚焦于个体，但是它们为我们理解团队和组织的表现奠定了基础，这使得个人工作表现成为“整个经济体赖以立足的基石”。[2]

个人的整体工作表现是一系列行为的总和，而这些行为是为了追求组织效能。准确评估这一点对做出良好的人才决策至关重要，例如，究竟该聘用、晋升或解雇谁。从法律的角度来看，人才管理决策的基础在于能够客观评估员工的表现。因此，在理想情况下，我们可以量化每位员工对组织目标做出的贡献，然而，在现实世界里，评估员工工作表现最常用的方法是参考主管的意见。[3]用这种方法来评估员工的表现是非常不可靠的。平均来看，两名主管对同一名员工评分的相关性只有大约0.5，这意味着他们的评估仅有25%的重叠度。[4]换句话说，如果让两名主管为10名员工评分，那么他们至少会在7名员工身上产生分歧。

这似乎还不够主观，主管的评分还常常与员工的自我评估结果相结合！例如，传统的绩效评估要求员工回顾近一年自己的成就，看看有没有实现之前确定的目标，主管则利用这些信息来判断员工是否达到或超出预期。有时，主管可能会用一些客观指标来评估员工的表现，这当然是最好的。这些指标帮助主管将员工的成就与他们的初始目标进行对比，也可以与其他员工取得的成就进行对比。然而，决定绩效评估结果的主要因素通常是主管对被评估员工的喜爱程度，这在一定程度上取决于员工推销自我成就的能力。因此，绩效评估工作毫无意外地受到了办公室政治的荼毒，大多数员工也认为评估不够公平。研究表明，即使主管能够准确评估员工的表现，他们也不一定有动力这样做。[5]因此，最近的一项报告指出：

> 个体差异是我们做出预测的重要指标，而阻碍我们理解这一点的正是低质量、受荼毒、错误或不明确的绩效评估工作。如今，虽然组织能够追踪更多的个人表现数据，但由于难以对员工工作表现进行准确、完整的评估，我们的预测能力依然有限。[6]

更糟糕的是，即使公司准确地评估出了员工的工作表现，它也不能确信这就是一种确切的人才信号或是评估员工未来表现的准确指标。当工作变得复杂时，个体的表现会出现很大的波动，这导致个体的最佳表现很难被观察到（即使绩效评估是客观的）。[7] 此外，虽然过去的表现通常可以很好地预测未来的表现，但当员工换岗，而新的工作岗位需要截然不同的员工技能、性格和能力时，我们就很难用员工过去的表现来预测其未来的表现。美国企业领导力协会发布的一项报告指出，在 15 个行业、29 个国家的近 60 家公司中，只有 29% 的优秀员工可以被视为“高潜力人才”——他们去了公司的另一个层级或关键岗位后，依然能表现卓越。然而，大多数公司依然基于员工过去的表现来决定是否让他们晋升，因为如果用员工尚未做但将来很有可能要做的事来证明决策的合理性，即使有数据支持，公司也觉得不可靠。[8] 最终，表现良好的员工认为他们应当得到晋升，即使他们并没有潜力，而那些在当前（不太相关的）职位上表现不佳的有潜力的员工很容易被忽略。

这就是著名的彼得定律：人们最终会上升到自己不能胜任的层级。因为过往表现重于才能的偏见普遍存在，更不用说过往表现很少得到恰当的评估，员工通常会晋升到一个升无可升的位置，在那个位置，他们会表现糟糕或停滞不前。因此，对绝大多数工作够久的人来说，他们的潜力实际上比他们现在的职位低一个级别，因为他们应该留在原来的那个职位上，在那里他们能展现出自己的最佳水平。当员工因为个人表现晋升到管理职位时，这一点尤为突出，因为相比于专业技能，人际交往能力是评价一个管理者在表现方面更重要的指标。

一旦建立起可靠的参数来量化员工的表现，评估人才这件事就变得相当简单了。要想确定某个职位需要怎样的核心素养，最直接的方式就是精确识别优秀员工和普通员工之间的差异。对于这个问题，大量科学研究都已涉足。这些研究基本聚焦于两个关键问题：我们应该评估什么，以及我们应该如何评估。[9]

评估什么：人才的基本要素

要想解决人才识别的问题，最重要的就是回答这个问题：我们究竟该评估什么？在某种程度上，答案取决于具体的工作或职位究竟是什么。事实上，大多数人都认为，员工表现好坏在很大程度上与其周围的环境、所承担的任务和所在的职位有关，而试图为才能评估建立一个通用模型是毫无意义的。因此，关于才能具体指向的内容应该由每项工作的具体要素决定，我们不应期望同一个人在不同环境或职业中都能展现出才华。

或者，我们可以选择一个务实的解决方案，即根据职业兴趣通用模型对所有工作进行分类。约翰·霍兰德的职业兴趣理论是职业心理学中最富生命力的理论框架之一，它将工作具体划分成六大类：现实型、研究型、艺术型、社会型、企业型和常规型。[10]这些不同的工作类型指向的兴趣不同，所需要的员工技能和性格也不同。此外，这六种类型也可以用来描述人，如果人和工作合拍，他们的表现就会得到提升。[11]

如果想要更具体一点儿，我们可以把目光放到一些常见的职位（例如首席执行官、销售经理、会计、募款人）上面，比如仅在美国就有超过 1 000 个登记在册的职位。或者更微观一点儿，我们可以将全球近 40 亿工作者的工作都视为独一无二的，毕竟没有两份工作是完全一样的。当我第一次申请学术职位时，由于我不是欧盟公民，招聘我的大学必须向还未“脱欧”的英国政府证明，在整个欧盟没有人比我更适合这份工作。尽管当时我只是一个资历尚浅的候选人，但该大学还是成功地证明了，在 4 亿欧盟公民中，没有人比我更适合这份工作，因为我的履历与职位要求完全匹配。如果你真的想论证这一点，那么每份工作都是独一无二的。

然而，组织也和人一样，会高估自己的独特性。诚然，每份工作都是独一无二的，全世界有数十亿份工作和数百万家公司，但与此同时，人才往往有一些共同特征，这让他们在不同的工作、公司和行业中展现出惊人的相似性。同样，大多数组织都有自己的人才模型，它们投入大量的时间和资金，来阐明它们希望员工拥有的具体特征和品质，但如果抛开术语上的差异，比如，“灵活”和“适应性强”，“有动力”和“积极进取”，“激励他人”和“团队建设者”，所有的人才模型看起来都极为相似。正如一句笑话所说，把一匹马的设计交给一个委员会，结果设计出来的是一头骆驼。我和我的同事已经证明[12]，所有的能力最终都可以归为三种基本的才能，它们代表了在就业能力和职业成就方面造成个体差异的“原始因素”。“原始”一词恰如其分，它不仅强调这些才能对个人成功具有潜在贡献——成功的秘诀，而且其英文“raw”也是“易相处（rewarding）”、“有能力（able）”和“有意愿（willing）”三大关键要素的英文首字母缩写的组合。因此，我们将它命名为人才的RAW模型。

在三大要素中都取得高分的人，更有可能成为顶尖人才，并获得职业上的成功。他们更有可能成为“关键少数”之人，在纷繁各异的岗位中找到适合自己发展的沃土，表现卓越而且毫不费力。虽然具备所有要素的人并不多，但一旦具备，这类人可能不单工作出色，生活也会过得有滋有味。具备两个要素的人，即使是在经济寒冬，找到工作的概率也很大。除非失业率几乎为零，否则那些只具备一个要素的人多半会遭遇失业。那些一个要素都不具备的人可能无法就业：如果你既无能，又让人厌烦，并且还懒惰，那么你即使得到了工作也保不住。

RAW模型中的每一个要素都代表着一种独特的才能。现在让我们更详细地论证这一点。

易相处

RAW模型的第一个要素是一个人的亲和力，也就是与之打交道有多令人愉快。这一才能的核心要素包括心理学家常常提及的组织公民性。

> 尽管自发行为并不一定被写进工作描述中，但通过合作、帮助他人、容忍不太理想的工作环境、不得过且过、认同组织目标和自愿参与组织治理及管理等方式，组织能够有效运作。[13]

易相处是一种与个性相关的能力，涉及个人内在能力（管理自我）和人际交往能力（管理他人），这两者都与情商（EQ）有关。

有些人因为他们的魅力和亲和力可能很好打交道，但这并不意味着他们愿意展现亲社会行为或具有良好的公民意识。事实上，许多具有明显“阴暗面”个性特征的人，如马基雅维利主义[①]者、自恋者和精神病态者，有时看起来很好打交道，这是因为他们善

① 马基雅维利主义，即个体利用他人达成个人目标的一种行为倾向。——译者注

于操纵人心，或者能展现出狡黠的魅力和社交技能。

显而易见的是，在一个大多数人凭直觉对人才做出判断的世界，亲和力是很有用的。正如戴尔·卡耐基所说："当与人打交道时，请记住，你面对的不是逻辑动物，而是情感动物。"因此，在其他条件相同的情况下，亲和力更强的人更有可能获得职业上的成功，也由此更容易被视作人才。虽然当人际交往能力成为评估工作表现的关键点时这一点尤甚，但我们也不得不承认，人际交往能力几乎总是工作表现的一个关键要素。即使是学者、会计师和软件工程师，掌握了人际交往能力也能受益，毕竟他们也不全是通过电子邮件交流。

有能力

RAW模型的第二个要素是工作能力，其包括专长和智力。专长涵盖了才能的方方面面（专业才能，或与工作相关的知识、经验和技能），智力包括学习能力和推理能力（这两大能力是拥有专长的关键因素）。

人才的知识结构取决于他们所在的领域或所从事的职业。而且，无论在哪个领域，表现好的人通常都比表现稍逊的人拥有更多专长。专长包括我们写在简历或领英个人资料上的硬技能和技术知识，也包括学术和教育资历，它们是我们专长的佐证，虽然可信度各不相同。

专长是一个概括性术语，涵盖了世界上所有与工作相关的主题。如果没有专长，你即使拥有世界上最好的人格也于事无补，高智商也救不了你。这一点显而易见，似乎不需要再去说明，但现在，主流社会对软技能推崇备至，这让人误以为专长微不足道。同样，我们查阅与才能相关的科学文献发现，专长这一主题一直被人们忽视，其受关注度远远比不上能力、智商、人格和动机等相关主题。因此，我们有必要重申一次，即使是世界上最聪明、最有进取心和最讨喜的人，如果没有完成某项工作所需的专长，他也做不了那份工作。一个飞行员即使很幽默，智商和职业道德水平都很高，你在乎的也依然是他的专业能力够不够硬。同样，一个人即使拥有很强的批判性思维、有魅力、有进取心，但如果他不是一名牙医，你也不会让他给你做根管治疗……

当然，即便未指向某个具体的工作，专长也有可能十分关键。例如，如果你想去日本工作，你需要会说日语，而且运用日语的范围并不局限于某个特定的工作（无论你是医生、服务员还是政治家，你只要在日本，就需要会说日语）。路德维希·维特根斯坦有句名言："语言的界限意味着世界的界限。"同样，合格的身体素质、基本的信息技术技能和良好的沟通能力都是专长的组成部分，尽管它们大多是通用技能，并不针对任何特定的工作。

撇开专长不谈，与能力有关的其他因素中，没有任何一项能与智商相提并论。[14] 这一点可能会让你惊讶，因为智商测试看起来似乎非常抽象，特别是与那些专门用来评估特定工作知识和专业技能的测试相比。然而，在目前的大背景下，虽然心理学一直被人诟病其研究结果难以复制[15]，但智商分数和工作表现之间的正相关关系异常稳定，没有一个设计合理的学术研究能够证明智商分数和工作表现之间不具有相关性。正如人们所料，当工作高度复杂时（例如数学教授或软件工程师的工作，而非仓库操作员或窗户清洁工的工作），智商和表现之间的关系尤为明显。实际上，智商和表现没有关系的工作几乎没有——除了职业运动，美国国家橄榄球联盟中球员的表现就无法通过智商测试来预测。[16]虽然如此，但在大多数职业领域中，智商是才能的核心要素。

有意愿

RAW模型的第三个要素是一个人的努力程度，也就是他的整体动机。与智力一样，心理学领域对这一要素进行了广泛的研究。但与智力不同的是，动机归属于个性范畴，通常被称为抱负、驱动力或责任心。[17]智力决定了一个人完成工作的程度，而动机决定了一个人的职业道德水平、驱动力或愿意努力工作的程度。从本质上来看，职业道德是才能的加速器。[18]职业道德水平越高，才能就越多。正如前文所说，才能可以被视为一种毫不费力的表现，因为在结果相同的情况下，相比于普通人，有才能的人所耗费的精力更少。同时，人们的潜能在很大程度上依赖于他们努力工作的意愿。因此，虽然我们可以说才能就是表现减去努力，但对于潜能，我们最好把它理解为才能加上努力。换句话说，你能发展出多少才能，取决于你已有的才能和你为了发展更多才能愿意付出多少努力。

有人说，模型要么准确，要么有用，但很少两者兼顾。RAW模型简单阐述了决定职场才能的关键因素。RAW模型的目的不在于涵盖所有的潜在素质，而是强调那些构成职场才能基本框架或结构的核心维度。虽然RAW模型具有普遍适用性，但组织仍需努力实现一定程度的多样性，这种多样性指的是个人素质在团队和组织中的分布。[19]与团队类似，当员工拥有不同的技能、知识和专长时，公司会从中受益。团队和组织的成员之间在性格上的差异——他们在思考、感受和行为上的多样性——将成为一种宝贵的资产，当然，这种差异不能太大，否则会导致人际摩擦或冲突，从而无法产生协同效应。

既然我们已经确立了人才的核心要素，接下来就让我们谈一谈该如何评估它们。

如何评估：识别人才的工具

虽然直觉是识别人才最常用的方法，但还有许多更好的方法，包括一些成熟的科学工具。虽然这些方法的应用范围并不广，不会涉及大多数员工，但大多数大型组织都会采纳这些方法。这些人才识别方法早在几十年前就诞生了，并且大量的科学研究也证实了它们的准确性。这些研究大多数是实证研究，即对被测试者在人才识别工具中的得分和他们后续的工作表现进行相关性分析。

例如，一家公司想用智力测试筛选 100 名求职者，但它如何知道这能不能帮助它筛出优秀员工？方法就是先对现有员工进行一轮测试，看看测试中得分较高的员工是不是在工作中表现得也较好。因此，理解相关性是很重要的，它是评估两个变量——潜在得分和表现得分——相关性的主要统计参数。

相关系数的范围是从 0 到 1，0 表示两个变量之间没有相关性（它们之间毫无关系），而 1 表示两个变量之间存在完美相关性（它们相互依存）。在社会科学中，通常认为相关系数高于 0.3 是有意义的，当然，低于 0.3 在统计学上可能也是有意义的，效果也比较明显。以医学为例，一些常见变量的相关系数如图 3-1 所示：吸烟与吸烟 25 年内患肺癌之间的相关系数为 0.08；搭桥手术和存活率之间的相关系数是 0.08；布洛芬的摄入量和疼痛减轻之间的相关系数为 0.14；使用万艾可和改善性功能之间的相关系数是 0.38；科学有效的人才识别工具与工作表现之间的相关系数约为 0.4，这意味着人才识别工具比万艾可的表现更好（虽然作用的对象不同）。[20] 现在，让我们来看看这些工具。

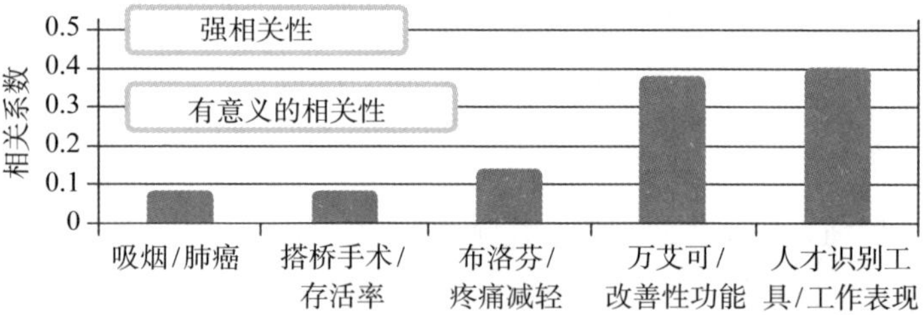

图 3-1　五组变量的相关系数

结构化面试

无论是什么工作，无论组织的类型和规模如何，工作面试都是使用最为广泛的人才识别方法。英国皇家海军早在 1800 年就开始使用面试了。如今，我们几乎很难想象，一个人没有经过某种面试就直接上岗。[21] 自从雇佣关系诞生以来，情况可能一直是这样。此外，工作面试通常是评估候选人的唯一方法，即便不是，它也通常是候选人需要通过的最后一道决定性关卡。因为工作面试十分普及，所以已有大量数据验证了其在预测候选人工作表现上的准确性。

在学术研究期刊上，你能找到很多篇关于工作面试有效性的元分析综合研究文章。这些研究表明，结构化面试能较为准确地预测候选人未来的工作表现，元分析得出的相关系数为 0.51。[22] 相比之下，非结构化面试的准确性要低一些（相关系数为 0.38），因为它没有一套预设的评分或分类标准，也没有一套可靠而标准的观察模式。此外，非结构化面试往往会增加产生偏差判断的可能性，也就是根据一些和工作无关的特征（如种族、性别、年龄和是否残疾）来评判候选人的才能。例如，有研究表明，与候选人进行非正式交流时的初步印象，包括握手的方式，都会影响面试官的决策。[23]

但面试实际上在评估什么？对面试问题的分析表明，其中很大一部分问题用于评估候选人的智力 [24] 和个性，特别是他们的责任心，例如他们的职业道德水平、可靠性、成就动机和主动性。[25] 以下问题就可用于评估候选人的主动性，也就是他们改善现状和促进积极变化的潜力。

请告诉我一个你参加过且带来积极变化的项目。在那个项目中，你承担了什么角色？你是如何促成积极变化的？在这个过程中，为了应对挑战，你采取了哪些行动？[26]

与人格测试不同，面试问题的答案是非结构化的，因此容易受到面试官主观偏好的影响。在设计良好的结构化面试中，通常会有经过验证的指导方针和评分标准来评估所有的答案。面试需要评估的候选人的潜在素质既多又广，因此难以一概而论面试究竟评估什么。[27]然而，从实际出发，面试只要能预测候选人的工作表现就足够了。

评估中心

还有一种被广泛采用的人才评估方法就是评估中心。[28]这种方法由德国军队在20世纪初首创，要求候选人执行一系列的任务，这些任务是针对他们在潜在职位上的表现的模拟考试。评估中心基于一条古老的心理学格言：过去的表现是未来表现的有效预测指标。设计不同的练习和模拟的目的是直接观察候选人在某项工作上的能力。在某些情况下，评估中心专注于评估候选人完成工作中相关任务的能力，但有时它也被用来评估候选人的职业道德水平和亲和力，特别是需要与其他候选人进行互动的时候。如果时间和金钱不是问题，那么评估中心在识别人才方面难有敌手。就像人们常说的那样，如果想知道某人是否适合某份工作，那就让他做那份工作，然后观察他的表现。这种符合常识的想法得到了数项元分析研究的支持，据估计，评估中心的效度是 0.54（高于其他所有评估方法）。[29] 同样值得注意的是，求职者也认为评估中心比其他识别人才的方法更加公平。[30] 它唯一的缺点就是成本高昂且耗费时间：想象一下，让 100 多个来自世界各地的候选人来到面试地点，对他们每个人进行一场长达 4 个小时的评估，这代价是多么高昂。

智商测试

在人才识别领域，心理学的最大贡献就是发明了认知能力测试或智商测试，正如一项研究所总结的：

> 无论在哪种行业、职位类别和文化中，认知能力测试都是有效且显著的。换句话说，这种有效性是普遍且有用的。通过大规模元分析得出的数据表明，虽然智商并不是决定工作表现的唯一因素，但在许多甚至绝大多数情况下，它都是选拔人员的最佳单一指标。[31]

作为一种人才识别工具，智商测试之所以重要的一个主要原因在于，它能评估员工的学习速度和对培训的内化程度。学术研究证明，智商测试能够预测员工的工作和培训表现。虽然智商测试结果和工作表现的典型相关系数只有约 0.2[32]，但如果能对工作表现进行客观评估，它们之间的相关系数可以达到 0.5[33]。这意味着，在影响员工表现的变量中，有超过 25% 来自智力因素，且智商每增加一个标准差，员工的工作表现预计会提高 0.5 个标准差。[34] 换句话说，如果某人的智商比 80% 的人高，那么他的工作表现可能会超越 65% 的人。如果某人的智商比 80% 的人低，那么他的工作表现可能会低于 65% 的人。

值得注意的是，尽管智商只是工作表现中的一个因素，但在预测候选人的工作表现时，一旦将候选人的智商考虑进去，其他人才识别工具的效度就会变弱。[35] 造成这种现象的主要原因在于，除了性格测试，许多人才识别工具与智商测试在效能上有一定程度的重叠。与马尔科姆·格拉德威尔的说法相反[36]，即使是律师、会计师和医生等高学历的专业人士，其智商的差异也很明显，智商越高，表现可能就越好，也越容易成功。[37] 这意味着，你可以聚集一群极其聪明的员工，而其中最聪明的员工往往比其他人表现得更好。

此外，在团队层面上，更高的智商得分也能预示更好的工作表现：平均智商得分较高的团队往往表现得更好。[38] 虽然这一论断似乎是老生常谈，但值得注意的是，只有少数组织在组建团队时会把智商得分纳入考量因素。然而，我们可以说，没有别的因素比团队平均智力水平更能用来有效预测团队表现了。同样，当组织将员工调入新团队时，无论职位高低，忽视他们的智力水平可能会导致潜在的不适应问题。智力水平（无论是高、中还是低）接近的人工作起来会更合拍。

智商测试实施起来也很便利，即使是远程操作，结果也几乎不会发生改变。[39]这使得智商测试的成本效益很高，尤其是和面试或评估中心相比。此外，要评估一个人的智力，最佳的方法就是智商测试。因此，在对相关研究进行开创性审查后，心理学家建议，如果在美国使用智商测试来选拔人才，预计每年将带来350亿美元（以当前货币价值计算）的经济收益。[40]

但这并不意味着智商测试是无懈可击的。首先，当人们因为紧张、焦虑或压力表现不佳时，智商测试可能会低估他们的智商，这种情况在高利害情景下很容易发生，而大多数智商测试就是在这种情况下进行的（很少有人会为了好玩而参加）。[41]例如，实验研究表明，智商测试中出现红墨水就能降低被测试者的成绩。[42]其次，练习可以提高人们的表现，当人们申请一份工作时，重复参加智商测试的情况并不少见。[43]然而，这两个问题并没有人们认为的那么严重。那些在智商测试中感到惊恐不安的人，面对现实世界的压力也有可能崩溃；而那些愿意重复参加测试、提高成绩的人，可能更有上进心（无论做什么工作，有上进心都是一种宝贵的素质）。因此，即使智商测试没能正确地（或“纯粹地”）评估智力，它依然能有效预测员工的工作表现，因为它评估了人们其他方面的才能，例如情绪的稳定程度和责任心。

智商测试的一个大问题是，它往往会给某些人群带来不利的影响，特别是那些贫困且受教育程度较低的人群。[44] 例如，一项研究表明，来自弱势家庭的孩子在两岁时的智商测试表现就已落后，而到了 16 岁，这种初始的微小差距会显著加剧。[45] 这颇具讽刺意味，因为发明智商测试是为了提振功绩主义，而非加剧不平等。在美国，各个族裔之间的智商得分差异也很显著，普通白人的表现要优于非裔美国人和西班牙裔美国人，但次于亚裔美国人。这些差异体现在大学入学考试的成绩上，大学入学考试与智商测试在很大程度上是重合的，因此可以被视作一种非官方的智商测试。一些族群，例如东亚人，他们的考试分数非常高，这让各个大学不得不给他们设定一个录取限额，以便能更广泛地录取其他族群。在性别上，男女的智商差异大多可以忽略不计，女性只在语言测试中体现出微弱的优势。[46]

人格评估

人格评估的形式多种多样，但大多采用自评报告的形式，也就是要求候选人对一系列与自我相关的陈述进行评分，或者对一系列有关自己典型偏好和行为习惯的问题做出回答。与智商测试不同，人格评估没有客观的正确或错误的答案。相反，它会将人们的回答与一个规范参照群体或基准进行比较，结果用于计算在各个维度上的分数，也就是我们常说的“特质”。本质上，人格评估的机制是探究以特定方式作答的个体典型行为及其性格。总体而言，人格特质与工作表现及其他职业相关产出的相关系数约为 0.3 [47]，然而，人格特质和所考察的职位不同，相关系数也会有巨大差异。当测试结果准确，人格特质符合岗位要求（例如，销售所需的外向性格、广告职位所需的创造力、需关注细节的项目所需的责任心），人格评估工具科学合理时，相关的人格评估分数与结果之间的多重相关系数可以高达 0.5 [48]——这一结果也适用于领导职位 [49]。

尽管用人格评估来识别人才的做法存在争议，但普通人常常评估自己和别人的人格，当然，他们的标准和科学家的标准很不一样。[50] 对普通人来说，人格特征的评估是否准确主要取决于结果符不符合他们的直觉。然而，过去 50 多年的心理学研究表明，自我认知往往是不准确的，我们总把自己想得很好，对现实失去了感知。[51] 至于对他人人格的判断，非专业人士倾向于通过他人的外表和与其初次交往的印象做出，过程快速且主观，而后，他们会忽略掉任何与他们的初次印象相悖的证据。[52] 因此，人们对人格评估的偏见似乎来自他们对人格的带有偏见的评估。

由于人格评估的主要手段是自评报告，因此我们很自然地想到，被测试者会通过撒谎或“假装良好”在测试中造假，特别是在申请工作、晋升等高利害场合——这正是人们反对将人格评估作为人才识别工具的最常见的理由，但这种观点完全没有根据。事实上，有大量学术研究在解决造假这一问题，相关研究超过了

7 000 项。[53] 那么，这些研究给出了怎样的建议？

首先，如果测试设计得合理且有效，那么被测试者将很难猜出问题的意图或答案，这使得刻意操控几乎难以实现。例如，在一个精心设计且科学有效的人格评估中，“我每天选择不同的上班路线”这句话可能主要考察被测试者是否具有创造力，“陌生人很快就能发现我惊人的创造才能”这句话则考察被测试者有多傲慢或是否善于自欺欺人（而不是考察他们是否具有创造力）。其次，精心设计的人格评估允许被测试者有一定程度的不诚实行为，而不会谴责这种行为。[54] 其背后的逻辑也很简单：在生活的重要时刻，如求职面试，展现一个较为虚假的良好形象比诚实但反社会的形象要好，表现出的适应性也更强。因此，如果你被问及是否喜欢与他人合作，也许你很诚实，回答了“否”，但这凸显了你在社交技能方面的重大缺失，显得你可能很难相处。另外，回答“是”的人可能在撒谎，但他们在社交上足够精明，为了和他人达成良好的合作，他们愿意付出相应的努力。在现实生活中，我们需要一定程度的“假装良好”。因此，无论被测试者是否诚实，无论他们的回答是“是”还是“否”，这都能预测他们的相关行为，因为重要的不是他们怎么想，而是他们怎么做。

这一点在针对印象管理的研究中得到了广泛的探讨，所谓的印象管理就是在社交场合下故意打造良好的形象。[55] 历史上，心理学家认为所有的印象管理都是对不同评估方法试图衡量的人才要素的干扰或扭曲。[56] 然而，因为大多数工作都需要和人打交道，在这种情况下，打造一个良好的印象非常重要，无论你面对的是客户、同事、老板还是下属，都是如此。印象管理是一种工作技能，一个相关信号，但它绝不是“噪声”。正如前述例子所示，那些在人才筛选和实际工作中都无法进行印象管理的人就属于反面案例，从他们身上我们能看到问题的症结。

许多研究发现，印象管理与一系列职场正面因素呈正相关，例如员工动机、组织公民行为、社交技能和一般工作能力，同时与反生产工作行为呈负相关。[57] 因此，我们可以得出结论，相比于那些不擅长印象管理的人，擅长印象管理的人通常更有才华，也更适合在职场生存，因为他们更擅长和人打交道。

设计合理的人格评估在高利害环境（例如人员选拔）中能够预测候选人未来的工作表现，因为在这些情况下，候选人有充分的动力去撒谎，并且还会不切实际地美化自己。[58] 这就有点儿像第一次与某人约会，对方根据你的情况问了些问题，并准确解读了你的答案：你是在夸大其词还是在说谎根本不重要，重要的是通过你的回答能预测你未来的行为。因此，诚实的回答指的并不是你所相信的，而是能预测你未来行为的回答。

当然也有人反对在人员选拔中使用人格评估，因为这类测试可能并不“公平”，会导致一些人因为回答不理想而丢了工作。然而，如果人格评估使用得当，测试得分是能够反映真实的工作潜力（例如，销售保险、驾驶公交车或有效管理酒店的能力）的，因此，唯一的不公平就是把工作交给能力不足或分数不合格的人。此外，与智商测试不同[59]，人格评估并不会影响少数族群或弱势群体申请工作的机会。总之，过去100多年，心理学家开发了各种科学的人格评估工具，用于描述、解释和预测人类的行为。无论是组织、管理者还是员工，如果能理解人们的工作方式、兴趣、价值观、团队契合度和工作潜力，他们都将受益良多。

其他“传统”的方法

尽管绝大多数关于人才评估工具的学术文章都重点关注面试、智商测试和人格评估，但还有其他一些“经典”的方法也值得考虑。

传记式数据

传记式数据指的是对候选人的过往经历或履历进行评估，尤其是对他们过往的职业经历进行评估，以此作为评判他们才华的潜在指标。元分析报告显示，传记式数据和工作及培训表现之间的相关系数约为0.3。[60] 此外，传记式数据还是员工离职的有效预测指标，虽然人力资源从业者对此通常持怀疑态度，认为自己的直觉更为准确。[61] 理论上，传记式数据可以包含各种变量，但在大多数情况下，它会排除人格因素和态度信息，专注于真实存在的过往经历。处理传记式数据主要有两种方法：一是“非理论方法”，即根据传记式数据与期望结果的统计关联性来确定所选的传记式数据标记；二是“理性法”，该方法尝试以概念上有意义的方式组合传记式数据，并揭示过去数据和未来行为产生关联的原因。

传记式数据一般是通过自我报告获得的，虽然技术使组织能够在不依赖问卷的情况下获取员工的行为数据。与评估中心类似，传记式数据是基于“通过过去行为可以预测未来行为”的理念构建的。人具有相当的稳定性，如果我们能捕捉正确的过往信号，那么也许我们就能相当准确地预测人们未来的工作行为。也就是说，人们展现才能的概率，往往会因其过往成就和生活经历的差异而不同。

简历

简历（或履历表）评估也是一种评估人才的传统方法。简历之所以重要，是因为它包含了与候选人相关的硬技能、专长和经历等信息。如今，电子简历成为主流，很多人会在领英等网站更新自己的简历，这使得候选人很难伪造自己的过往成就，因为网上有太多相关的证明人。研究表明，雇主和招聘人员常常根据简历来推断候选人的个性（当招聘人员受过专门训练时，他们的推断会相当靠谱）。[62] 然而，遗憾的是，大多数关于简历的学术研究都聚焦于雇主和招聘人员是如何评估简历的，而不是量化简历在预测候选人未来表现上的实际作用。

然而，简历中的一些关键信息，例如教育背景、相关经验和能力，已被证明与实际工作表现是有关系的。例如，一项元分析研究表明，通过候选人的教育水平，我们可以预测他们在工作相关任务上的表现，此外，员工的教育水平还与他们的创造力和组织公民行为呈正相关，与反生产工作行为呈负相关。尽管受教育的人越来越多，但教育层次高的人依然能获得更高的薪酬，他们升职和发展的机会更多，他们工作的流动性和满意度也更高。[63]因此，大多数组织会把个人的教育水平和他们的才能联系起来也就不足为奇了。组织期望经验和资质能转化为更高的回报，因此，它们会根据简历情况给予员工不同的薪酬。[64]

值得注意的是，为简历增彩的个人素质（如学业表现、受教育程度、职业地位和前雇主层次）往往也有助于提升工作表现。因此，在人的一生中，个体的通用才能素质（也就是RAW模型中的三大要素）通过相似的过程影响着人们达成不同的成就，这解释了为什么有的人能在职业生涯中连续获得成功。对一些人来说，成功是家常便饭，而对另一些人来说，失败才是。

360度反馈评估

另一种常见的评估人才的方法是360度反馈评估，也叫多源反馈或多评估者反馈。该方法要求被评估者的同事、下属和上级对其表现进行评分，并让被评价人在同一套评分系统里进行自我评分。[65]360度反馈评估常用于发展性评估，尤其是对管理者和领导者进行评估。在这种情况下，360度反馈评估能帮助被评估者提高自我认知，了解别人是怎么看待自己的。[66]当然，360

度反馈评估提供的信息在识别内部人才方面也同样有用，可以说，360 度反馈评估是评估一个人工作表现或声誉最为全面的方法，当他工作很复杂或要和大量员工打交道时尤为如此。因此，当评估领导者的表现时，很难找到一种比 360 度反馈评估更好的方法，领导者的下属的评分（向上反馈）尤为关键。[67] 许多组织在晋升决策、薪资调整和继任规划方面会很关注 360 度反馈评估的结果。[68]

显然，针对候选人的表现，360 度反馈评估提供的数据比单一来源评估更加可靠。即使各个评估者对候选人表现的看法不一致，他们给出的评分的平均值也比任何单一评分更能用来预测候选人的未来表现。[69] 同样值得注意的是，当不同来源的评分重叠过多时，这实际上违背了从不同来源收集评分的目的，毕竟，如果只需要一个评分就能解决问题，何须再费力找其他评分？因此，如果评估者能多角度地评价候选人，那么 360 度反馈评估对其未来表现的预测准确性将会大大提高，因为整体描述更能全面地展现候选人的情况，包括他们的行为和不同方面的声誉。同事、上级和下属往往以不同的方式看待被评估者，他们并非在准确性上有差异，而是他们观察的角度各不相同。这就好比你的亲密好友、同事和亲戚对你的描述总会有所出入，这反映了你在不同环境下的表现。这一切都解释了为什么 360 度反馈评估会被广泛采纳，并被作为评估员工特别是领导者的工具。通过将被评估者的自我评分与他人的评分相比较，360 度反馈评估还可有效评估个体的自我认知水平。自我评分与他人评分接近的领导者往往更有能力，因为这意味着他的自我认知已经转化为更高的领导力。[70]

情境判断测试

过去几十年，有一种日渐流行的工具就是情境判断测试，从某种程度上来说，它是智商测试和人格评估的混合体。研究表明，情境判断测试主要评估 3 个方面的素质：知识/技能，人际/社交能力（包括团队合作和领导潜力），其他人格特征（如进取心、开放性、适应能力）。[71]

情境判断测试让候选人置身于与工作相关的场景。在此场景下，候选人将被问及会做什么或该做什么，面试官基于他们的回答来评估他们工作的相关技能或影响他们工作表现的性格特质。以下是一个关于情境判断测试的例子。

> 假设你是一名酒店礼宾员，客人要求你去他指定的那家餐厅预订晚餐。你对这家餐厅相当了解，之前的客人对它的评价不佳，但这位客人似乎很期待去那儿用餐，并且并没有询问你的意见，你会怎么做？
>
> A. 尊重客人的选择，并开始预订晚餐。
>
> B. 不表达你的意见，并开始预订晚餐。
>
> C. 提供几个替代餐厅，并解释它们可能更好。
>
> D. 表达你的意见，告诉客人之前好几位客人都对那家餐厅不满意。

E. 谎称那家餐厅预订已满，并给出替代选项。[72]

如果用这个场景来评估候选人是否适合酒店客户服务岗位，那么评估的重点可能不单是候选人掌握的礼仪接待知识，还有一些通用或相关的个性特质，例如社交技能、诚实性和服务精神。虽然对此并没有一个客观正确的答案，但一些答案能反映出候选人较高的能力水平。因此，那些选择C或D的候选人往往要比选择A或B的候选人更有能力，因为后者可能会招致客人的不满。选择E的候选人会被认为不诚实且有些极端。

在本章，我们探讨了关于评估人才的两个关键问题，即我们应该评估什么以及应该如何评估。关于“评估什么”的问题，可以通过RAW模型解决，毕竟无论是什么工作，那些好打交道、有能力、有上进心的人总是更加宝贵。换句话说，能力、亲和力和驱动力是很重要的，无论是什么工作和岗位，其他真正重要的因素少之又少。至于“如何评估”的问题，本章提出了4个成熟的人才识别方法，即结构化面试、评估中心、智商测试和人格评估，它们都符合科学选拔的规定。本章还提出了其他一些方法，比如传记式数据、简历、360度反馈评估和情境判断测试。通过构建正确的框架并采用合适的方法，我们找到合适的候选人的概率将大大增加。当然，吸引人才只是第一步，第二步是确保他们能积极投入工作。

因此，完全凭主观评判是不应该的。无论我们多么有经验、多么自信，我们都不能只依赖直觉。如果能利用既有的工具和方法来评估人才，如果能聚焦于核心素养，领导者和人才管理从业者在人员选拔上会更加得心应手。除非能在一开始就准确评估候选人，否则任何人才管理干预措施都收效甚微，本章谈到的那些方法可以帮助我们实现这一点。

第四章

激励人才

这一章将讨论职场动机的重要性，以及组织可以采取哪些措施，以确保员工对工作充满热情、愿意全力以赴。在过去的十多年里，这些问题借员工投入度之名得到了充分的阐述，所谓的员工投入度指的是个人在工作中投入的精力和热情程度。如本章所示，对大型组织而言，如今收集关于员工投入度的诊断性组织数据已成常态。然而，尽管没人否定投入度的重要性，学术研究也表明，高投入度会带来积极影响，低投入度会带来消极影响，但在认识投入度这方面，我们依然有很大的改进空间。本章建议，要想提升员工的投入度，最佳做法是使员工的价值观，也就是他们的驱动力和目标，与组织文化对齐。这需要关注领导者的价值观，因为他们的价值观在塑造组织文化方面起到了重要的作用。

* * *

想象一下，有两家公司，它们的员工都拥有同样的才能，它们处于同一个行业，规模相当，并且争夺的是同一个市场。那么，我们是否会认为它们表现相当？答案可能是肯定的，除非这两家公司在激励员工方面存在巨大差异。也就是说，如果这两家公司中的一家能够让其关键岗位和任职人员产生更强的相关性，让他们感到更有意义，那么一般来说，该公司的表现会优于另外一家，因为该公司的员工更愿意付出额外的努力。

员工投入度的问题在科学上已得到充分论证。自 20 世纪 90 年代初管理心理学领域首次提出这个概念以来，[1] 围绕这一概念发表的学术研究论文数不胜数。这些研究得出的结论很符合我们的直觉：如果人们被公平对待、能感受到挑战，并且在应对挑战时有一定的自由度，他们会更爱自己的工作。这意味着，为合适的岗位找到合适的人，这不仅仅是技能匹配的问题，还涉及价值观和兴趣的匹配。由此可知，工作表现决定了员工的投入度，同样，员工的投入度也决定了他们的工作表现。这意味着，当人们有机会展现出最好的自己，并为自己的工作成果感到自豪时，他们会更爱自己的工作。

因此，人才管理的两个关键问题是，如何把人放在合适的岗位上，以及如何确保他们的日常表现接近他们的最佳表现。换句话说，出色的人才管理从业者知道如何为不同的岗位找到合适的人选，并能在日常工作中挖掘出员工最好的一面。

为达成这一目标，仅仅靠识别他人才能并将才能和工作进行匹配是完全不够的，我们还必须确保候选人的兴趣和目标能通过工作得到满足和实现。因为一个人完全有可能具备出色完成某项工作的必备技能，但缺乏做这项工作的动力。因此，要想赢得人才争夺战，除了要为关键职位找到合适的人选，还要让他们对工作感兴趣。

尽管这符合我们的直觉，但我们依然需要测试动机差异是否以及在多大程度上产生了影响。为此，全球绝大多数大型组织都会每年或每半年组织一次员工投入度调查，来追踪其员工的平均动机水平。例如，在过去 30 多年间，总部位于纽约的西罗塔咨询公司对来自数百家企业的数百万名员工进行了调研，这些企业包括壳牌、联合利华和亚马逊。其数据为我们提供了宝贵的见解，让我们可以了解动机对表现和生产力的影响。正如人们所预测的那样，当员工工作更投入时，企业的表现更好。这家企业的员工投入度提高以后，其营收和利润也会增加。此外，西罗塔公司的数据可以用来比较同一行业中规模和人员结构相似的不同公司的表现。换句话说，我们可以利用这些数据对现实生活进行一个模拟实验，在这个实验中，我们可以控制预测员工生产力的关键因素，同时评估动机变化所带来的影响。

这一结果也在大量的学术文献中得到了印证，元分析研究表明，当员工的兴趣和价值观与其岗位及组织的价值观相匹配时，他们表现得更好，留在工作岗位和公司的时间更长，并且更少表现出反生产工作行为。[2]这解释了为何员工投入度受到极大关注。

投入度并不是一个新概念。它的前身是“工作满意度”，心理学界对工作满意度的研究已经持续几十年了，多项大规模研究和元分析指出，较高的工作满意度会给个人和组织表现带来好处，更不用说对员工身心健康的益处了。[3]然而，“投入度”和“工作满意度”并非一个概念，因为工作满意度只是一种态度或心理概念，即“你如何看待你的工作”，而投入度既涉及情感也涉及行为因素，即“你的工作给了你什么样的感觉”以及“你的工作让你做了什么”。[4]因此，投入度就是工作满意度加上情感和行动。

如你所料，增加投入度对个人和组织都有好处。对此人们进行了一系列的研究，结果都显示：（a）投入度和不良结果之间存在负相关关系；（b）投入度和良好结果之间存在正相关关系。

例如，投入度与离职意图、实际员工离职率、反生产工作行为（如欺凌、反社会行为、滥用职权式管理、偷懒）和职业倦怠呈负相关关系。事实上，投入度与职业倦怠的负相关关系非常明显，人们通常将投入度视为职业倦怠的对立面，就像一根完整的线，一端代表投入度，另一端代表职业倦怠。职业倦怠不单是个人的问题，还会影响团队、组织和整个经济。也就是说，职业倦怠的负面影响跨越了组织的界限，它就像一种跨国的流行病。据报道，在欧盟，大约有 20% 的人遭受着工作压力的折磨，由此引起的生产损失和健康花销达数十亿欧元。[5]

高投入度的好处包括驱动力增强、实际表现及生产力提升等多个方面。例如，投入度高的个体通常更健康，工作和生活平衡得更好（即使他们工作得更努力），在工作中也更有韧性和冲劲。这体现出的不仅仅是更好的个人表现和更高的生产效率，更是更为积极的组织公民行为。换句话说，投入度高的员工之所以对老板来说尤为珍贵，是因为他们工作的相关产出高，更是因为他们是好同事，能给其他员工带来积极正面的影响。因此，高投入度带来的积极影响往往散播得很快，如果你是领导者，这种影响会自上而下传播到下属身上，激励他们全身心投入工作。

许多研究证明了员工投入度对组织变量的影响，如对事业部表现、利润和客户忠诚度的影响。比如说，一项被广泛引用的元分析研究证明，员工投入度的增加与集体生产力、盈利能力、客户满意度的提高有关。这证明了投入度对组织存在自下而上的影响：员工投入度的总收益转化为更为理想的组织指标。另一部分研究量化了投入度带来的自上而下的影响，也就是研究主管、经理和高层领导者投入度的增加，是如何激励普通员工提升工作动力、忠诚度、生产效率和工作表现的。正如人们所预料的那样，直接主管，也就是基层领导者，对员工投入度的影响最大。然而，高层领导者通过制定战略和塑造企业文化，能间接影响所有员工的投入度。实际上，元分析研究表明，领导力是团队投入度最重要的影响因素之一。[6]

尽管高投入度普遍能带来收益，但值得注意的是，员工投入度和工作表现的关系在个人主义文化中要比在集体主义文化中更明显。[7]因为集体主义文化更强调以他人为导向，优先考虑集体而非个人福利，所以在集体主义文化中，提高员工投入度带来的生产力回报将低于个人主义文化中的水平。

人们想要的都一样，除非他们不想要

员工实际上想从工作中得到什么？人们想要的和需要的往往存在差异，例如，在西方国家，几乎一半的婚姻都以离婚告终，然而大多数婚姻在一开始显然是人们想要的结果。因此，在职场中，只关注人们想要什么是不够的，还要关注他们需要什么。换句话说，我们需要弄明白，人们通过工作和职业生涯想要满足的基本心理动机和需求是什么？此外，满足这些需求或未能满足这些需求的原因和结果又是什么？最后，人们的需求有哪些不同？这种差异又会带来怎样的后果？

这些问题可以在人格社会分析理论中找到答案，[8]该理论解释了个人价值观的重要性。个人价值观是一种心理驱动因素，是决定员工工作投入度和组织效能的关键因素。该理论的底层逻辑非常简单：明白人们想要什么，能帮助我们预测和解释他们对工作的适应程度，从而能让我们预估他们对工作的投入程度，进而预测他们在团队和公司里的表现。换句话说，如果你想预测员工对工作的热情程度和投入程度，你首先需要弄清楚，他们的工作符不符合他们的价值观，能不能给他们带来驱动力。我们可以从一般层面或个性化层面进行分析，让我们先从一般层面进行分析。

普世价值观、驱动力和动机

基于对人类行为进化和人类学的分析，社会分析理论提炼出了贯穿人类生活的三大核心要素，这些元素自人类早期一直延续到现在，并且只要人类存在，这些要素可能还会继续存在。首先，人始终是群居动物。其次，每个群体或社会单位总是存在等级制度，并且这种等级制度会一直存在。无论是正式的还是非正式的，这种等级制度决定了群体中的权力、决策权和影响力的分配是不平等的。在传统组织中，如教会或军队，等级制度表现得尤为明显，实际上，没有任何一个群体或组织内部没有等级制度。在远古时期，即使是在小型部落里也存在着类似的等级制度，因为从来没有哪个群体是没有领导者的。（合弄制是一种全体共治的理念，即把群体或组织的权力完全分配给每个人，即使没有领导者，组织也能有效运转，但这种理念只是一种迎合大众的神话，是一种公关噱头，旨在宣扬“每个人都是领导者，因而无人是领导者”。）正因如此，无论是在政治、商业还是在体育领域，领导者倒台通常伴随着权力的真空和无序状态的产生，这会导致其他群体成员立刻展开对权力的争夺。最后，没有任何形式的人类文明能够离开意义系统，即一个能让个体理解世界的象征符号宇宙。最初，这个系统充斥着宗教的非正式前身，如道德、迷信和萨满教等，随后，宗教和哲学诞生了，再后来，科学出现了。请注意，个体看待和理解世界的角度虽然不同，但并不是相互排斥的。在任何特定时刻，多种意义系统在同一群体、组织和文化中共存，并且它们之间往往存在直接的对立或竞争关系。这解释了不同意识形态、宗教和科学范式之间的普遍斗争性，解释了为什么会有人讥讽“科学教派”而不嘲笑基督教，而对其他人来说，情况又恰恰相反。

关于人类生活的三大核心要素之所以重要，是因为它们塑造了我们的基本需求：与他人和睦相处的需求，超越他人的需求，以及寻找和赋予意义的需求。[9] 在生活的各个领域，包括工作领域，我们都在努力满足这些基础而重要的需求。当然，作为社会性动物的后代，我们必须协调好由竞争和合作带来的紧张关系，我们天生渴望理解这个世界，这催生出了一套复杂的真理体系，同时我们也热衷于驳斥和否定与之竞争的体系。

弗洛伊德对前两个需求——超越他人和与他人和睦相处的需求——进行了详细的论证，他将人类比作冬天里的刺猬。寒冷时，刺猬必须抱团取暖，但如果靠得太近，情况又会变得有点儿棘手，因为它们会刺伤对方。因此，它们需要分开，但这样它们又会挨冻。弗洛伊德解释道，尽管我们都是天生的社会性动物，但我们在一定程度上也是反社会的，因为我们都想要和他人竞争，以攀登到阶级的顶端并掌控局面。[10] 平衡好合作和竞争的关系是至关重要的。我们想要超越他人，首先需要和他人打好交道。如果我们太想和他人打好交道，我们可能无法超越他人；但如果我们太过专注于超越他人，我们又可能无法与他人和睦相处。

关于人们在工作中的需求，答案已呼之欲出：首先，人们需要归属感，或者有机会与他人建立联系并体验到友谊和陪伴的感觉；其次，人们需要成就感，或者有机会和他人竞争并超越他人；最后，人们需要在工作中找到目标和意义感。因此，如果人们能够在工作中与他人和睦相处、取得进步并找到意义，他们就会将精力投入工作，反之，人们可能会失去动力，甚至把自己从工作中抽离出去。

鉴于大多数人在工作时并不投入，我们可以断定，大多数组织提供的工作并不能让人满意，可能是因为它们无法满足人们对归属感、成就感和意义感的需求。这导致被动求职人数的增加和人们对自雇及创业的兴趣日益浓厚。具有讽刺意味的是，零工经济催生的工作可能比传统工作更有意义。为了改善这一点，组织对员工需求的关注必须从整体转向个人。也就是说，公司如果想要激励员工，首先需要了解每位员工对归属感、成就感和意义感的定义。显然，一个模式并不能套用在所有人身上，因此组织和管理者必须学会解读每一位员工的个人价值观、驱动力和动机。

个人价值观、驱动力和动机

尽管有些需求是我们共有的，比如与他人和睦相处、取得进步和寻求意义，但我们追求它们的方式各不相同。事实上，满足我们核心需求的途径有很多，因此破译员工和领导者的需求非常重要。

表 4–1 总结了社会分析理论所涉及的价值观、驱动力和动机因素。左栏列出的 10 种价值观（如认可、权力、商业等）可被视为目的坐标，当它们与合适的工作、职业和组织文化相结合时，员工的投入度和表现会提升。这些价值观与相应的兴趣和驱动力有关，并最终和主导动机相关联。

表 4–1　价值观、驱动力和动机的社会分析模型

价值观	兴趣与驱动力	主导动机
认可	被人知晓、欣赏和出名，脱颖而出	取得进步
权力	影响他人、竞争、获胜	
商业	金钱、利润、业务、资金、投资	
享乐主义	乐趣、多样性、愉悦、兴奋、刺激	和睦相处
归属感	社交互动、结识他人、建立人际关系网络	
利他主义	帮助他人、改善世界、追求社会公正	
传统	道德、高标准、原则、规则	
安全感	秩序与可预测性、结构、安全、确定性	寻求意义
审美	直觉、风格、经验、创造力	
科学	事实、逻辑、技术、数据、知识	

如表 4–1 所示，主要价值观即认可、权力和商业，决定了人们取得进步的方式和原因。这些价值观通常被称为“地位驱动因素”，它们解释了个体在与他人竞争、提升个人地位以拥有权力、追求物质报酬和实现令人羡慕的成就等方面的意愿的差异。

接下来的 4 种价值观，即享乐主义、归属感、利他主义和传统，与人们的为人处世或者社交及归属动机有关。这解释了为什么有些人特别热衷于参加令人愉悦的活动，与别人建立联系并结交新朋友，参与改善他人生活的公益事业，以及尊重既定的规范和传统。

最后 3 种价值观，即安全感、审美和科学，解释了人们在理解世界和寻求意义方面的差异。特别是，它们描述了人们能在多大程度上忍受不确定性和模棱两可，以及在理解世界方面，人们更依靠整体和直觉还是事实和分析手段。

这 10 种价值观在整体人群中都呈正态分布，因此个体在这些价值观上的得分可能较低、一般或较高。高分意味着人们强烈渴望满足该价值观，当无法满足该价值观时，他们会感到沮丧或空虚。低分意味着人们排斥该价值观，追求的是该价值观的反面。一般来说，人们会在两到三种价值观上得分较高，虽然也有可能在更多甚至全部价值观上得分较高。但这样的人特别难以取悦，因为他们需要满足的兴趣和驱动力实在太多，他们可能常常显得忙乱或狂躁。

毫不奇怪，个人价值观也会影响领导力：领导者的需求决定了他们的领导方式和他们构建的组织文化。观察你所在组织的领导者，并弄懂他们行为背后的逻辑，你就能明白组织文化为什么是现在这个样子。领导者的核心信念和需求塑造了他们的管理及领导风格，决定了他们选择团队成员的标准、他们在团队中创造的氛围、他们所做的决策，以及他们推崇或惩罚的行为和价值观。归根到底，领导力的核心是影响他人，领导者的价值观为团队注入意义。[11] 与领导者拥有相同价值观的员工对工作更投入，能在工作中找到更多意义和目标。现在，让我们来探究个人价值观对领导力的关键影响。

取得进步的价值观

以认可为驱动力的领导者往往会创造一种成就文化，奖励那些努力工作、有竞争力的人。然而，他们自身对认可的渴求可能会导致他们不愿承认错误，并习惯于抢别人功劳。领导者和下属之间的竞争并不罕见，这让领导者可能只会奖励那些对自己不构成威胁的人。虽然这样的领导者往往是自信的沟通者，能够很好地应对压力和批评，但他们可能会过于关注自己而忽视下属。有效领导的关键在于，要建立一支表现优异的团队，这就要求处理好下属取得进步和彼此和睦相处之间的矛盾。曼彻斯特联足球俱乐部前主教练何塞·穆里尼奥很好地展现了这一价值观。他执教的每支球队最终都赢得了奖杯，而他管理的大部分球员将他视为遇到过的最佳教练。当获得高认可度的员工从个人贡献者转变为领导者时，他们必须学会靠团队获胜，要与团队合作而非竞争。这就需要团队成员彼此和睦相处，以超越竞争对手。

那些受权力驱动的领导者与受认可驱动的领导者相似，只是前者的关注点是竞争和控制，而不是被人敬佩。权力价值是决定员工对管理他人和成为领导者是否有兴趣的最主要因素，通常也决定了人们被迫放弃领导权的意愿程度。毫不意外，拥有强烈权力欲望的领导者常常被认为是强大、有能力和有远见的。然而，他们常常和其他受权力驱动的人发生冲突。

至于重视商业的领导者，他们创造的文化往往以利润和营收为中心，节俭和成本控制举措会得到他们的嘉奖。这些领导者很适合管理销售和咨询业务，他们重视那些富有创业精神和机会意识的员工，因为这些人有能力为组织带来巨额的营收。商业领袖通常被视为勤奋、务实且具有商业头脑的人。他们关注市场趋势，能迅速解读财务数据，他们的行事作风通常比较直接，习惯以任务为导向，专注于业绩盈亏。亚马逊的创始人杰夫·贝佐斯就是商业领袖的杰出代表。在创办亚马逊之前，贝佐斯已在金融界被誉为量化领域的天才，亚马逊涉足的大多数项目都获得了成功。[12] 亚马逊每年营收超过 1 000 亿美元，是互联网领域当之无愧的巨头，堪称数字版的沃尔玛（亚马逊一直在效仿沃尔玛）。与沃尔玛类似，亚马逊商业文化的一个关键要素是在资金使用上极为谨慎。

和睦相处的价值观

在享乐一项上得分较高的领导者，致力于构建一种享乐主义文化，让员工能肆意玩乐，但这并不意味着他们不应该努力工作。事实上，享乐主义和商业价值观往往是并存的，这不仅体现在管理者身上，也体现在组织文化中。但是，商业关注的是如何发展，享乐主义关注的是如何与人相处。享乐主义文化不仅会容忍，而且还会奖励那些在组织中展现集体乐趣、寻求刺激和享受的行为。尽管西尔维奥·贝卢斯科尼不是一个伟大的政治领导人，但毫无疑问，他展现出了良好的商业领导才能，毕竟他的个人净资产达到了约80亿美元。更重要的是，即使是批评贝卢斯科尼的人，也得承认他是一名注重享乐的领导人。

无论是贝卢斯科尼在电视和议会上展露出的幽默，还是他主导的“狂欢派对”，都让他和任何一个严肃的政治家形象——也许除唐纳德·特朗普以外——相去甚远。尽管常识告诉我们，每个人都希望在工作中找到乐趣，渴望做那些会令人愉快而有趣的工作，但事实可能并非如此。在享乐主义上得分较低的人，更倾向于做那些既不有趣也不令人愉悦的工作，他们从来没有打算在工作中找到乐趣。

另外，重视归属感的人期待工作能为他们提供丰富的社交生活，并与同事建立有益且多样化的关系。同样，具有高归属感需求的领导者通常会创造友好的工作环境，赞赏那些外向、合群和善于建立人际关系的员工。这种价值观显然非常适配销售、客服、公关和娱乐领域的工作者，但对于那些需要大量独立工作和与人交流较少的工作不太合适。奥普拉·温弗瑞凭借其在电视上的迷人魅力和卓越的人际交往能力，很好地体现了这一价值观。

在利他主义这一方面，倡导这一价值观的领导者对帮助他人、参与那些有潜力改变世界及改善贫困人群生活的项目有着强烈的兴趣。这类领导者往往会营造一种鼓励合乎道德、有益于社会的行为，同时谴责不正当、不诚实的行为。毫不意外，信奉利他主义的领导者本身就是其他拥有相同价值观的员工的参照或关注焦点，他们仰仗这些领导者来满足自己在工作中“做好事”的需求。实际上，当利他主义者察觉到工作环境不良、雇主和领导者很自私时，他们会遭遇强烈的认知失调，他们会尝试换一份更具道德感和伦理感的工作，来解决这种价值观上的冲突。天主教会教皇方济各就是利他主义价值观的代表人物。

在和睦相处的动机里，最后一种价值观就是传统，尊崇传统的领导者往往信奉权威、规则和流程。他们重视现状，对于是非对错有着非常清晰的界定。他们倾向于使用绝对性思维，并设立明确的原则，从而避免相对性和模糊性。这往往会创造出一种严格而正式的工作环境。在这种环境中，社会关系必须遵循明确的礼仪，权威往往受到尊重。尊崇传统的领导者与革新型或非传统型领导者完全不一样，他们喜欢事情是可预测的，一切都是有规则并基于常规的。在组织中，尊崇传统的领导者最大的优势可能在于，他们通常很关注质量和声誉，因此他们对员工的要求很高。有一句话概括了尊崇传统者的本质：“如果一项工作值得做，那就值得去做好。”这一价值观的杰出代表就是名厨戈登·拉姆齐，他用军事化的方法管理厨房，将稳定出品放在极高的位置，为了实现这一目标，他制定了严格的规则。

寻求意义的价值观

在安全感这一项上得分较高的领导者往往很谨慎，他们会在团队中推行规避风险的措施。检查细节、预见潜在问题和为最坏情况做准备，这些都是安全型领导者的关键适应性习惯。有一句流行的德国谚语“信任是好的，监督更好”很好地概括了安全型领导者的价值观。在英语中，也有一句类似的话——“安全比后悔好”。这类领导者非常善于创设一种安全、不确定性低的文化，但与此同时，他们对冒险、突发情况和不可预测性事件的应对有所欠缺。实际上，对安全型领导者而言，见机行事和自发行动犹如焦虑患者应对压力和紧张。新加坡国父李光耀就体现了这一价值观。尽管他的政策让新加坡成为世界上最具活力和创业精神的经济体之一，但这些政策都是自上而下、经过严谨规划和计算得出的，设计者对减少不确定性有着近乎痴迷的追求。

那些重视审美的领导者会努力建构以理念和创新为中心的文化，他们会激发团队对新产品的热情，对风格非常看重，有时甚至把风格放在实质内容之上。相应地，他们往往遵循直觉的引导，将自己的感受置于事实之上。这些领导者通常难以捉摸、行事古怪，对流程不太感兴趣，有时甚至缺乏务实精神。维珍集团的创始人理查德·布兰森很好地体现了这一价值观。作为一位很有想法的领导者，布兰森更感兴趣的是推出新的业务而非管理或发展已有的业务（这部分他交给别人打理），他总是按照自己的直觉行事。布兰森专注于想法、实验和创新，而这种理念体现在维珍集团所有的服务和产品中。[13] 同样，在苹果公司出现以前，科技产品很少会和时髦扯上关系，但史蒂夫·乔布斯将强烈的美学风格注入这个历来缺乏美感的领域。尽管乔布斯有工科背景，但他以神秘的愿景探索和对设计、风格的无比痴迷而闻名，这使得苹果成为全世界最受欢迎的品牌之一，同时苹果公司也成为有史以来最成功的公司之一。[14]

相反，重视科学的领导者会创设一个更珍视知识、更注重数据驱动、更强调逻辑思考而非直觉的环境。他们与时俱进，关注技术进步，努力以事实为依据，并做出客观的决策。他们的管理风格通常是冷静、分析性强且不带政治色彩的。当然，假设人类能够完全客观地思考和行动是不现实的，这也许就是唯科学派的局限：他们习惯于高估逻辑的力量，总是认为数据和知识可以转化为无懈可击的事实，但实际上，很少有数据和知识能摆脱人类主观性和偏见的束缚。谷歌的创始人谢尔盖·布林和拉里·佩奇就展现了这一价值观，如果将谷歌拟人化，你可能会在谷歌身上找出属于极客的关键特质：高智商，对技术的兴趣要大过对人的兴趣；有好奇心，尤其是对那些复杂、抽象、普通人望而却步的问题感兴趣；坚信科学和逻辑能让世界变得更好。这些价值观反映在公司的宗旨（“总有更多的信息有待发掘”）和愿景声明（“融合全球信息”）中。因此，像谷歌一样，受科学驱动的人致力于把信息转化为知识。

文化的意义

建立一个能解读个人价值观的模型是有用的，但前提是对个人所处环境进行一个类似细致程度的分类。实际上，描绘人物充其量只是任务的一半，另一半是描绘他们的工作环境。除了工作或职位的具体特点，决定个人价值观能否得到满足的关键因素是组织的特征。你可以把员工和组织视为第一次约会的两个人。为了确定这对潜在情侣是否合拍，你不能只关注其中一个，你需要了解两个人。同样，光了解员工的动机是不够的，我们还需要了解员工是怎么看待雇主和组织的。

当谈到如何描绘工作环境时，工业与组织心理学家往往会着重提到组织文化的概念，组织文化被定义为：

> 员工推断出的用来指导行为的隐性价值观、信念和假设，他们的推断来自故事、传说、自己的社会化经验，以及他们观察到的（尤其是领导者的）行为，这些行为被证明是有用的并能促使人们取得成功。[15]

文化是至关重要的，因为它能告诉我们个人工作环境所能提供的心理奖励类型，以及这些奖励能否与个人的价值观、驱动力和动机相匹配。尽管这个观点看起来很新颖，但早在 100 多年前，弗兰克·帕森斯就在一本有关职业兴趣的开创性著作中提到了这一点：

> 与工作者的天赋和才能不相匹配的职业只能带来低效、冷漠、低薪甚至令人厌烦的工作；相反，与个人特质相匹配的职业将会带来热情、对工作的热忱，以及高经济价值——卓越的产品、高效的服务和丰厚的报酬。[16]

还有一位颇有名气的心理学家埃德加·沙因详细说明了文化形成的过程、文化的目的以及它们是如何传播的。具体而言，沙因指出，群体能发展起来，一定是基于对世界的某些共同假设或定律的理解，以及与世界的互动。组织只不过是大型的群体，它们的文化是决定成员行为规范的隐性假设。例如，“基本假设决定了组织的战略、目标以及为适应外部环境并达成目标而选择的路径方法”[17]。虽然这些假设可能会随着时间的推移而演变，但它们一旦确立，就会相当稳固和持久。它们为所有的工作行为提供了背景，也构成了日常工作的游戏规则。

过去 20 多年，大量学术研究探讨了如何提高我们对文化的理解和衡量能力。这里有一个有趣但很少有人讨论的话题：在任何组织中，运行的文化都拥有不同的层次；衡量某些层次的文化比衡量其他层次的文化更容易。在这一方面，沙因假定文化存在 3 个主要维度，它们可以用 3 个同心圆来表示（见图 4–1）。[18]

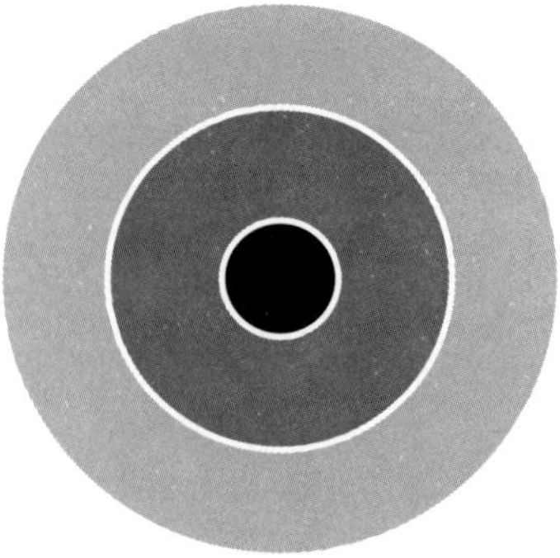

图 4–1　在沙因的文化三维模型中，外层代表文化产物，中间层代表宣扬的价值观，内层则代表潜在假设

外层代表文化产物，包括习惯、语言、着装规范和都市传说等。对于这些元素，任何人进入组织后都能轻易观察到，它们在公司文化中的定位就像个人价值观和个性指导下的具体行为。然而，就像人的具体行为一样，它们的含义是模糊的，内部深层的原因很难通过观察直接探明，因此也极易造成误解。第二层是中间层，代表宣扬的价值观，是管理者和领导者明确制定的文化原则。这些内容通常出现在组织的愿景声明当中，反映了它们理想的自我。第三层是内层，代表潜在假设，涉及组织生活或内部秘密生活。这一文化维度最不明显但影响力最大，它决定了组织中社交互动的真实规则，代表了它们真实的自我。要评估这一层次的文化，需要和组织中的成员代表——特别是员工而非领导者——进行深入访谈。

但是，组织文化和个人价值观又有什么关系呢？各种元分析研究了这个问题。[19]正如人们所预料的那样，比起其他文化，一些文化与个人价值观更加合拍。例如，等级森严的文化要求员工按照预定的流程和既定规则行事，这种文化适合那些重视传统和安全的员工。市场文化重视那些能实现明确的组织目标（如增加营收和利润）的人，这种文化适合那些重视商业和认可的员工。"临时组织"专注于创新和变革，层级结构较为宽松，适合那些安全感需求低而审美要求高的员工。家族型文化则能促进合作和忠诚，适合那些享乐主义和归属感需求较高的人。

不幸的是，在现实职场中，大多数组织在文化评估方面表现不佳。实际上，它们宣称的核心文化特质，往往只是市场营销团队和公关团队通过头脑风暴随意确定下来的，人力资源团队参与度极低。当你查阅某些组织的官网时，你会发现，它们的价值观虽然被反复提及，但似乎只代表了它们的理想形象，而非现实形象。比如说，大多数组织都会把自己的文化描述为创新、多元和有社会责任感。然而，当你询问那里的工作人员，这些特质是否真的反映在了组织文化中时，他们通常会表现得惊讶和愤世嫉俗，并给你截然不同的答案。组织文化通常存在着错配的问题，领导者看到和期盼的和员工所感知或体验的往往存在落差。因此，一些学者引入"组织氛围"来描述人们对自身所处的文化环境的直观感受。"氛围"指的是"人们对工作中经历的一系列相互关联的体验附加的意义"。[20]例如，员工是否能感知到公司安全、公平、服务客户或创新的氛围？当评估员工对这些及其他关键组织问题的看法时，“氛围调查”正好能发挥作用。

显然，如果组织无法有效地衡量其文化，它们就很难弄清楚自己文化的起源。正如我们曾讨论的那样，演化框架可以用来解释文化的起源，[21] 其应用范围不仅限于组织层面，还包括国家层面。[22] 也就是说，文化可以被定义为精英价值观的产物。当小团体成长为组织时，创始人的价值观就成了组织文化的核心要素。随着组织的发展成熟，组织内的领导者和重要人物用他们的价值观创设了正式和非正式的交往规则。因此，主导者们共同的价值观渗透进了组织文化，使领导者能够将意义赋予追随者。同样的逻辑放在一个更宏大的文化背景下也适用，比如国家文化。实际上，无论是法律、习俗还是社交礼仪，都为一个国家里人与人之间的相处提供了交往规则，它们源自该国历史上有权、有影响力的人。统治者、土地所有者、贵族、宗教领袖、军事领袖和知识界领袖都改变并塑造了一个国家现有的文化，他们用自己的价值观重塑了文化。他们留下来的遗产是更新和修订后的游戏规则，而这些规则又将被下一代领导者改变。因此，文化是动态的而非静态的，它永远在不断地演变。

重新思考投入度问题

无论组织规模如何，无论它们的文化是什么，只有在成功调动员工积极性的前提下，组织才能有效运作。尽管员工投入度这一主题在人力资源行业讨论颇多，但它并不是一股潮流，而是一种至关重要的诊断指标和表现驱动力，它对员工和雇主都有益处。然而，随着员工投入度问题越来越受到人们的关注，关于这一主题的各种观点也在激增，但并不是所有观点都是经过深思熟虑的，同时这一概念也在学术界被稀释了。重新思考投入度问题需要回归其根源，从基础做起。

员工投入度的概念最早由美国社会学家威廉·卡恩在 20 世纪 90 年代的一篇具有开创性的文章中提出。[23] 卡恩认为，投入度的本质在于员工对工作的强烈心理认同。具体来说，卡恩将工作视为角色扮演：当人们工作时，他们扮演着特定的角色，如员工、经理、领导者和首席执行官等，就像工作之外，人们也会在生活中扮演各种角色，如丈夫、朋友、妻子、学生或父母。换句话说，生活从本质上来说就是角色扮演，我们在生活的各个主要领域需要扮演不同的角色。

然而，卡恩认为，当人们忘情工作时，他们会全身心沉浸于自己的角色，甚至忘记角色这回事。他们和自己的工作角色合二为一，这模糊了工作人格与自我之间的心理距离，似乎他们的自我概念的其他方面都不再重要，他们的工作完全定义了他们。因此，工作投入度是将一个看似人造的、交易性质的角色转变为一种有意义、令人满足且几乎关乎生存意义的体验。马丁·海德格尔提出“掌控”概念来暗示这一点，“掌控”就是指个体从工作中挖掘隐藏意义，并与工作“融为一体”的过程。[24] 类似地，积极心理学创始人米哈里·契克森米哈赖提出了“心流”这一概念，也就是一种深度愉悦的专注于任务的状态，在这种状态下，个体失去了时间感，释放出了他们的创造力。[25]毫无疑问，“心流”是投入的一种极端表现。

自那时起，人们对高投入度的成因进行了大量研究，这一问题在理论和实践层面都非常重要：识别高投入度的驱动因素让我们有可能控制或影响员工的投入水平。高投入度的成因可以归为两类：情境因素和个人因素。最重要的情境因素包括工作资源、反馈和领导力，其中，领导力决定了工作资源和反馈。实际上，领导者通过就员工的表现给予其真诚且有建设性的反馈，并提供必要的资源帮助他们出色地完成工作，从而影响他们对工作的投入度。然而，值得注意的是，虽然投入度能改善工作表现，但工作表现也能提高投入度。[26]换句话说，当员工能够出色地完成工作，并且其表现达到或超越了他们的自我期望和抱负时，他们会对工作更加投入，为自己的成就感到自豪，并觉得工作更有意义。当员工的个人价值观与其工作相符时，效果尤为明显。

至于决定投入度的关键个人因素，越外向、越情绪稳定、越有责任心、越友善和越愿意尝试新鲜事物的人，越容易投入工作。[27]不幸的是，所有衡量员工投入度的方法，包括年度氛围调查，都忽略了造成投入度差异的个人因素，它们都假定投入度的差异仅仅是由情境因素决定的。然而，就像那些天生悲观或脾气暴躁的人，当面对他还算喜欢的电影、餐厅和工作时，也会给出相当负面的评价；那些天生消极或愤世嫉俗的人，即使工作比较顺利，也会对工作心不在焉；同样，那些天生乐观、情商高、积极，甚至还带着一些天真的人，他们对工作非常投入，虽然他们的高投入度可能只是说明他们的情境要求低且容易满足。我们都有那种对一切事物都持积极态度的朋友，以至于我们必须谨慎考虑他推荐的电影、餐厅或人。简言之，如果两个人在同一个投入度测试中都得了7分（满分10分），但一个人天生消极而另一个天生积极，那么对他们的分数的解读应该有所不同：天生消极的人可能非常投入，而天生积极的人可能正准备辞职。

个人因素通过不同的路径影响员工的投入度。如前述例子所示，第一种方式是影响人们对事情的解读方式，这意味着，因为个性不同，同一个组织或团队的两个人对企业文化和工作有着截然不同的看法。[28]第二种方式是影响员工的工作方式，进而影响他们的工作表现。比如说，越外向的人越会在工作中建立起更广、更强大的人际网，这将为他们带来更多的工作资源（这是决定投入度的一个关键情境驱动因素），有好奇心的员工可能会在学习和其他发展他们专业技能的活动上投入更多的时间，从而让工作更有趣。此外，第三种方式是员工个性影响同事、下属和老板。越是情绪稳定、沉着冷静和情商高的人，与他打交道就越令人愉悦，与他一起工作的同事也会更投入，从而让工作变得更吸引人。因此，虽然我们通常认为个人和情境是相互独立的，但实际上他们是相互交织的，存在着互动和相互影境的关系。相同的情境对不同的人有不同的影响，不同的人解读情境的方式也不一样，而且不同的人根据自己的个性营造出包括工作情境在内的不同情境。

与普遍看法不同，领导者并不一定需要通过温暖和同理心来吸引员工。尽管人际交往能力和关怀行为通常是加分项，但领导者也可以通过伟大的愿景和战略、激发员工提升表现、让他们承担责任和培养成就文化来提高员工投入度。[29] 想想那些成功的军事指挥官，如亚历山大大帝或尤里西斯·辛普森·格兰特，或者那些顶级体育经理，如亚历克斯·弗格森爵士或帕特·莱利。这些领导者都很强硬，对他们的团队和下属的要求很高；他们惩罚表现不佳的人，奖励那些真正取得成就的人，并提拔有才能的人。也许更重要的是，伟大的领导者善于发展自己和他人的才能。

第五章
发展人才

本章探讨的是人才培养的方式和程度。尽管人是可以改变的，但大多数人并不会主动改变，其原因在于，改变需要自我认知、努力和坚持。在非极端条件下，人们所谓的改变，只是放大或强化自己早期的特质。然而，作为员工表现提升和才能发展的催化剂，教练干预已经取得了积极的效果。尤其值得一提的是，教练干预不仅关注员工的优点，还致力于帮助他们消除缺点或弱点，以提升他们的个人能力，使他们成为更优秀的人。本章认为，有效的教练干预在很大程度上和声誉管理有关，也就是提升员工在同事和经理心中的形象。

* * *

作为一个快速发展的行业，高管教练专注于领导者的发展。无论领导者的潜能有多大，只有当他们认真对待自身的发展时，才能走向卓越。对领导者而言，最糟糕的特质之一就是不可教化，这主要是指他们对负面反馈免疫且不愿承认自己的错误。

> 一年之计，莫如树谷；
> 十年之计，莫如树木；
> 终身之计，莫如树人。
>
> ——《管子·权修》

尽管组织在培训和发展上的支出要远超在人才招聘上的支出，但实际上，如果人才选拔得宜，培训和发展也并非必选项。然而，由于人才选拔的结果往往不尽如人意，因此培训和发展总还是有必要的。这使得我们必须回答一些有关发展的关键问题，例如，人能否改变（以及他们是否真的会去改变），还有决定改变的关键要素是什么。正如接下来我们要谈到的，准确的反馈、自我认知、改变的意愿，以及违背自身天性的坚持和毅力是推动改变的必备条件。但遗憾的是，这些条件比大多数人想象的更加难以捉摸。

与其他心理特质一样，才能是发展经历的结果。也就是说，在个人经历和某些生理倾向的相互作用下，一些人比其他人更有可能获得才能，即使他们经历的事情相同，得到的机会相当，结果也是如此。这也就是说，才能并不是由天赋或后天培养单方面决定的，而是两者的结合。正如学者指出的那样：

> 要分析特定个体的态度或特质有多少来自遗传而非环境是毫无意义的，这就如同追问地下室漏水更多是由于地基中的裂缝还是外部积水一样。实际上，遗传效应也是环境效应，因为它们是在环境中显现出来的；而环境效应也是遗传效应，因为它们受到了生物过程的影响。[1]

换句话说，由于身体和心理对才能的限制很早便已显现，且很难随意逆转，因此，不是每个人都有机会成为一名精英，也不是每个人都能发展他们的才能。同样，虽然年龄的不良影响在某些个体身上体现得并不明显，但是衰老也会限制我们的才能，进而影响我们的表现。我们很难用练习和训练来充分解释个体的成就为何会出现差异，但很明显，努力和训练依然能影响我们才能的发展，即使对专家和精英来说也是如此。[2]

例如，正如我们上面谈到的，无论你的才能是什么，智力都是其中一个关键组成部分。智力会随着年龄的增长而发展，但如果没有适当的环境刺激，它将不会发展。[3] 如果我们把机敏的婴儿锁在地下室，剥夺他们接受智力刺激的机会，他们长大后会变得相当愚钝。与此同时，通过一个人幼年的智力表现，我们能预测他成年后的智力水平，且预测结果相当准确。[4]比如说，通过测量一个人6岁时的智商，我们可以预测他18岁时的智力水平，但这并不是说，他6岁到18岁的智商都是一样的，而是指在以年龄区分的智力排名中，他童年和青年时期的排名十分接近。同样，一个人相对于他人的聪明程度在18岁之后也不会有太大变化，这一观点也能运用在其他才能领域：如果一个人与同龄人之间存在明显的差异，那么在其今后的人生中，这种差异将会持续存在，甚至会被拉大。

然而，正如尼采所言："每种才能只有通过争斗才能展现。"虽然追求进步和变得更好的意愿独立于任何其他的才能，但它被视为在任何领域取得成就的关键催化剂，你很难想象，甚至想象不出，有谁只凭借自身的才能，没有付出努力就能取得成就。

人能改变吗

心理学中最令人好奇且常被问及的一个问题是：人能否改变？然而，问题的关键不在于他们能不能，而在于他们是否真的愿意改变。除非我们能准确回答这个问题，否则讨论任何旨在改变人类重要特质的发展干预措施都是毫无意义的。

当然，改变干预，例如教练和培训项目，从定义上来说都是反自然的：它们故意打破你的习惯，让你采用一些全新的、可能更有效的行为模式。例如，一些人可能想变得更有创造力、更高效或更具魅力，另一些人可能希望自己不那么易怒、冲动或焦虑。发展干预措施试图为人们带来改变，如果放任不管，让他们继续按照原来的方式行事，改变是不会发生的。那么，首先让我们考察一下个人在生活中自发做出重大改变的程度，这个问题很重要，因为它能帮助我们理解专业干预措施的适用范围。很显然，如果专业干预措施取得的效果和人们自己就能达到的效果相差不大，那么就没有必要在这上面花钱了。

智力的变化

智力是评估各行各业人才的通用标准，因此，评估智力变化的程度至关重要。数百篇经过同行评审的研究论文探讨了这个问题，这些研究证明，人们的相对智力水平在一生中总是保持稳定的，青春期后，个体在智商分布钟形曲线上的位置几乎不再发生变化。比如说，有研究重复测试被测人的智商，结果显示，两次测试的相关系数在0.9左右，这表明人们的智商得分很少发生变化，即使发生变化，往往也是因为出现了测量误差，而非被测人的智力发生了变化。[5] 即使是儿童也是如此。人们认为，学校教育的出发点就是开发孩子的智力，因此接受学校教育一定能让儿童的智力出现显著变化，但针对儿童的智商测试显示，他们在智商上的排名几乎没有变化。[6] 在晚年，人们的智力水平排名有轻微变化，主要是因为60岁后个体在认知衰退方面存在差异。[7]

当然，训练确实可以提升你在某项测试上的表现。训练通常会使你的表现水平提升 0.25 个标准差，[8] 但是这种提升仅限于该项测试，也就是说，它并不会转化为你实际的智力提升。你在某项活动上练习得越多，你在该项活动上的表现就越好，但这并不意味着你在其他活动上也会表现得更好。例如，尽管脑力训练游戏很受欢迎，但几乎没有证据表明，花时间练习脑筋急转弯和认知测试会让你变得更聪明。作为领先的脑力训练游戏商，Lumosity 曾花费 200 万美元以解决一起投诉，该公司被指控误导了用户，让用户误以为其游戏可以提升自己在学业或工作中的表现。[9]

智力的某些方面，如知识或专长，很明显受到学习的影响，而学习又依赖于个人的意愿和动机。然而，这些晶体智力（以习得的经验为基础的智力）虽然到晚年后可能依然会增加，但流体智力（基于过程的智力）则保持不变或有所下降。[10] 从这个意义上来说，人类的智力类似于个人电脑。一方面，随着年龄的增长，它变得更"聪明"，因为它不断地储存信息、文件和知识；另一方面，它也在变慢，因为它的操作能力和多任务处理能力在下降。一个人推理和解决问题的速度在很大程度上依赖于他的工作记忆容量，[11] 这类似于计算机的运算能力（随机存取存储器容量和处理速度）。值得注意的是，成年人获取知识的决定性因素，例如好奇心、开放心态和自律性，在很大程度上是由性格决定的，因此它们的可塑性和其他主要人格特质相比也没有强多少。

人格的变化

因此，下一个问题是：我们对人格的稳定性或可变性了解多少？由于人格涵盖了我们的典型行为，例如我们的日常行为、情感和思维模式，因此人格的稳定性将为任何干预措施设置一个上限。很多人力资源从业者都体会到，这为我们带来了一个思想上的难题。一方面，如果你要改变一个人，你找不到比改善人格更好的方法。比如说，如果有人能把年轻时的希特勒变成一个利他主义者，将“猫王”埃尔维斯·普雷斯利变成一个注重健康的人，或将伯尼·麦道夫变成一个诚实的人，那该有多好，因为这能避免很多痛苦。另一方面，人格又是不应该改变的，因为它代表了我们性格的底色，以及将我们与他人区别开的全部特质。在教练界有一句广为人知的话：虽然你改变不了一个人的人格，但你能改变他的行为。然而，如果人格就是一个人行为的总和，那么改变他的行为，最终会为他带来一个“新”的人格。

有趣的是，有研究表明，大多数人想要改变自己的人格，或者说，如果他们有这个能力，尤其是在不需要付出努力的情况下，他们很乐意改变。[12] 事实上，90% 的人想要在至少一个人格维度上提升自己的分数。通常，人们希望自己变得更加外向，情绪稳定，尽责，友好并乐于尝试新事物——这在美国尤为如此，因为在那里，你在这些特质上获得高分数意味着你是受欢迎的，否则，你将或多或少承受一些污名。比如说，作家苏珊·凯恩通过倡导内向的好处在职场收获了成功。[13] 但也只有在美国，“安静革命”

才会被誉为勇敢的并具有争议性的运动。仅在美国，心理自助行业每年的产值就超过 100 亿美元，而该行业发展的关键就在于人们愿意并希望改变自己，让他们变得更有才能或更有吸引力。但是，人们究竟能改变多少呢？

科学研究表明，人格的可塑性不是特别强，但人格也不是一成不变的。[14] 虽然人的一生会发生一些变化，但对大多数人来说，这些变化大多和年龄有关，这意味着人格变化是分阶段的。例如，在 20 岁到 40 岁之间，人们往往更爱社交、有责任心，情绪也更稳定。此外，大多数人在青少年时期会变得更外向，更喜欢新鲜事物，但成年后这两方面的水平会下降。成年后，人们也会变得更加友善。[15] 总的来说，随着年龄的增长，我们会变得更加无趣，用心理学术语来说就是“成熟”。[16] 而且，从 30 岁开始，人格的变化就非常小了，50 岁以后人格则具有相当的稳定性。[17]

令人惊讶的是，即使是重大的人生变故也无法使人格发生巨大的变化。例如，针对彩票中奖者的研究表明，在经历了初期的狂喜之后，中奖者往往会回到原来的积极或消极的心理状态，比如，脾气不好的人中了彩票后，他们也就快乐几个星期，之后脾气又会变坏。[18] 因此，对乐观或积极的人来说，当遭遇人生的重大挫折时，例如亲人去世、失业或离婚，他们过不了多久就能恢复。简言之，尽管生活经历会影响我们的行为，但人格决定了我们应对这些经历的方式，因此，通常来说，任何事件都无法使人格发生重大且持久的变化。[19]

这解释了为什么根据一个人的人格，我们能预测他在 65 年的时间跨度内的职业成败[20]，45 年内的政治态度[21]，17 年内（从 3 岁开始算）[22]的心理障碍，60 年内的健康和死亡风险[23]。这也解释了为什么通过人格[24]和遗传倾向[25]，而非收入[26]，更能预测个体对幸福的感知能力。因此，尽管我们每天面临无数的选择（与松鼠或鱼不同，我们可以自由选择我们的行为），但我们的行为方式通常依然是可预测的。我们的行为即使看似不合理，但在很大程度上依然可预测。[27]双胞胎研究量化了遗传相关性和心理特质（如能力、价值观或人格）相似性之间的关系。研究表明，在整个生命周期中，遗传因素对维持个体差异的稳定性起到了重要作用。然而，研究也指出，这些特质 50% 的变化是环境因素造成的。现在，对我们来说，关键在于弄清楚这些因素是什么，又该怎么去应对。

我们还应注意到，即使是高遗传性特征也会受到选择和经历的影响。例如，对人类来说，成年人体重的遗传度约为 0.8，这意味着体重变异的约 80% 来自遗传因素。尽管这一数字远高于任何心理特质的遗传度，但任何人都能通过少吃和多运动来改变其基因预写的体重——问题的关键在于大多数人并没有这样做，即使这样做了，他们也很难维持这些变化（正是因为遗传）。

在更多情况下，影响人格的重要环境因素出现在人们的幼年时期，因此，要解决这一问题，只能求助于时间机器，就像电影《回到未来》里那样。培养和天赋常常是相互促进的，这种协同关系放大了人潜在的倾向，增强了人已有的潜力。例如，有抱负的人往往从事竞争激烈的工作，随着工作的竞争程度加剧，他们也会变得更有抱负。同样，外向的人可能会选择需要大量社交网络和人际交往的工作，而选择这些工作也会进一步增加他们的外向性。[28] 因此，个人特质，包括与才能相关的特质，始终受到先天和后天因素两方面的影响，而这两方面通常同向而行，这使得后天培养最终放大了人们本就存在的特质。[29] 从这个意义上来说，人们改变得越多，就越像真实的自己。总体而言，随着年龄的增长，我们都会成为早期自我的加强版本。

综上所述，现有证据表明，大众往往高估了人的可变性。确实，人是可以改变的，但如果没有外界干预，这种改变很少会发生。这也就是为什么，在恼人的校友会上，当你遇到老同学时，你从他们身上观察到的变化大多是外貌上的，而非心理或行为上的。当然，他们看起来往往更成熟、更胖和更秃，但从人格、价值观和智力角度来看，似乎时间未曾流逝。因此，专业发展干预措施必不可少。如果人们无法自己去改变，那么他们显然需要一些帮助或支持。接下来的部分将评估这些干预措施，特别是教练计划的有效性。

漫游狂野西部般的教练行业

教练项目是企业中最常用的人才培养方法，尤其受到领导者的欢迎。尽管有越来越多的科学研究证实了教练干预的效果，但我们很难根据学术研究结果推断出职场的实际情况，因为教练实践的性质存在巨大差异，并且很少有人知道一场教练课程的背后到底发生了什么。[30] 毫不奇怪，教练行业被称为“狂野西部”，[31] 每个合格教练的背后都可能有数十个不合格的教练，他们避开了科学的审查，依靠客户的无知而留在了这个行业。与此同时，近些年来，教练实践在全球的受欢迎程度与日俱增。[32]

但是，“教练法”一词究竟是什么意思？这里有一个定义：任何“以结果为导向的、系统的过程，在这一过程中，教练帮助正常的、非临床的客户在个人生活和职业生活中提升体验并达成目标”。[33] 虽然这一定义过于宽泛，但它确实有助于划定“教练法”的边界，并帮助我们理解哪些不应该包括在“教练法”里面：例如，对临床症状病理状况的治疗，所有非系统化或结果导向的指导，或者从业者并不关心帮助客户实现特定目标的情况。教练和临床实践之间的区别尤其值得关注。教练聚焦于改变不良行为模式，但从临床的角度来看，这些行为并不一定是异常的。正如后文将会谈到的那样，大多数潜在偏离或功能失调的行为都是教练干预的目标，但并未达到临床或精神病理现象的标准，因为它们既不是统计意义上的异常值，也没有使人们完全无法工作或维持人际关系。

许多教练干预措施试图提高人们的情商，例如社交能力、内省能力、人际交往能力或软技能。[34] 从这个角度来看，教练干预措施的目标是使人变得更好打交道，从而提高他们的就业能力和职业成功概率。比如说，如果有人告诉你，你需要控制自己的脾气，对别人要有同理心，或者成为一个良好的倾听者，那么教练法帮助你实现这些目标的概率有多大？虽然没有任何干预措施能让一个人在这些行为上从 0 提升到 100%，但精心设计的教练项目很容易让结果提高 25%。针对这一问题，一项最为全面的元分析研究表明，动机、应对技能、自我认知和幸福感都可以通过教练法得到显著提升。尽管评估这些干预措施的方法通常是自评报告，而自评报告常常会让我们高估自己的成功率，[35] 但回顾 46 项独立研究，预计 70% 的接受教练指导的参与者，其表现要优于对照组中的普通人。[36] 这意味着，教练干预将工作表现驱动因素平均提升了约 20%。令人欣慰的是，当用比自评报告更有效的指标，如主管对任务或工作表现的评价来衡量时，这些结果往往能够得到重复验证。[37]

研究还考察了压力管理项目的影响，结果表明，干预措施可以带来超过 1 个标准差的效果，这意味着 85% 或更多的接受教练指导的参与者的得分要高于对照组的平均水平。[38] 即使是同理心这种与理解和感受他人情感相关的生物特质，在一定程度上也是可以训练的。例如，神经心理学研究表明，通过适当的教练指导，人们可以变得更加亲社会，利他和富有同情心。此外，即使这些干预措施专注于提升工作方面的表现，情商教练法的好处也并不局限于工作场所，其还能带来更高水平的幸福感，促进身心健康，改善社交和婚姻关系，降低人们在日常生活中血液里皮质醇（一种主要的压力调节激素）的含量。[39] 这些发现与元分析研究中关于心理治疗效果的结果一致，该结果显示，心理治疗对各种人际交往能力和内在技能的提升率约为 0.85 个标准差。[40]

尽管这些发现令人振奋，但仍有两个需要注意的事项。

首先，由于教练实践存在显著的异质性，综合评估报告里给出的平均效果可能并没有太多的参考价值，因为这些效果里面混合了极端低效和极端高效的干预措施，就好比把苹果和橘子进行比较。正如本杰明·迪斯雷利敏锐观察到的那样："一个人吃了一整块面包，而另一个人什么都没吃，统计学就是那种告诉你他俩每人吃了半块面包的科学。"[41] 显然，一些方法和人要比其他方法和人更有可能取得成功，但只有少数学术研究对方法或手段进行了评估。成功的教练指导一定遵循了认知行为框架。[42] 根据这一范式，产生问题行为的主要原因是非理性或反效果信念在作祟，而教练可以帮助客户重塑这些信念。通过这种方式，客户可以培养更有效的行为，对现实的解读也更加正面和准确。此外，增强心理灵活性的手段——接受和处理（而非避免）不愉快情景的能力[43]——也是有效果的。与普遍的观点相反，旨在增强自尊或信心的干预措施很少有效，其结果往往适得其反。[44]

其次，科学研究得出的结论往往来自严密而有效的干预，也就是说，学术标准比实践标准要高，因此在干预效果方面，把实验室的平均水平拿到现实职场中来，似乎也显得过于乐观。

从本质上讲，教练干预并不是一门纯粹的科学，它在某种程度上也是一门艺术。科学评估工具为它提供了可靠的数据，这使得教练干预实践有了一定的可信度。然而，在教练干预过程中，评估科学必须让位于干预艺术，要从诊断和预测迈向发展和改变。由此，教练干预实践是否成功在很大程度上取决于教练的才能和技艺。

研究表明，教练的一般个性和行为比教练法更加重要。[45] 因此，如果你想预测教练干预能否成功，请先研究一下教练的个性。人格评估在教练干预和发展干预中已得到广泛应用，但通常被用来评估客户。[46] 在决定合作之前，也许可以让客户给他们的意向教练做一下人格评估。此外，当教练展示他们的资历和经验时，他们可能也在展露自己的个性，包括优点和缺点。这样做不但能帮助客户评估两人的合适程度和成功概率，还能让客户和教练的沟通变得更加有效。所有这些都和临床心理学的研究结果保持一致。临床心理学研究表明，治疗师的个性往往比他所采纳的方法更为重要。[47] 尽管还没有研究在教练领域考察这些问题，但人们可以预想到：教练和客户的联结越深，客户进步的空间就越大。

当然，有些人比其他人更适合教练法，但对于另外一些客户，即使是最优秀的教练和最佳教练法也无济于事（想象一下给唐纳德·特朗普做教练是什么情形）。那些更谦虚、更有同理心和自我意识更强的人对教练干预的反馈更好，主要是因为他们有寻求反馈的习惯。[48] 同样，那些更在意别人的看法，更担心让别人失望的人通常更愿意改变。尽管关于“可教性”的研究并不多，但在教练项目开始之前评估一下客户的可教性，将有助于提高教练法的有效性。此外，由于许多教练项目是由人力资源部门安排的，即使是可教性很高的人，也不一定愿意加入自我发展的队列当中。有一个古老的笑话：改变一个灯泡需要多少心理学家？答案只有一个，那就是那个灯泡自己想要改变。

教练法与领导者发展

虽然发展工作才能对任何人来说都很重要，但针对领导者的干预措施可能会带来更大的回报，因为领导者管理的下属众多，并需要对业务的流程和结果负责。因此，当领导者的表现得到改善时，这会向下产生影响整个组织的溢出效应，从而会更广泛地提升员工的表现。[49] 相反，培养初级员工或技术专家只会影响他们自身的表现。因此，也不意外，领导者发展项目所占用的资金比例越来越高，数额越来越大。在美国，高管教练的数量呈指数级增长。英国也经历了类似的增长。

高管教练培训是针对领导者的最常用的发展干预措施，其被定义为专业教练对领导者（通常是高级管理人员）的一对一培训。起初，此类培训的重点是拯救那些陷入困境且有才华的领导者。[50] 然而，近年来高管教练培训的受众人群明显扩大，其目标现在是“通过自我认知和学习来提升学员的可变性，最终促成个人和组织的成功”。[51] 这一点非常重要，因为大多数领导者缺乏反馈，[52] 他们提升自己的唯一途径就是挖掘自我潜力并评估自我表现。研究表明，自我认知的提高能改善后续的工作表现。[53]

尽管高管教练培训的受众有许多类型，但主要受众人群有以下 4 种：[54]

1. 有价值但有脱轨风险的人：正如后文将谈到的，公司里的顶尖人才有时候问题最多。就像 20% 的人往往贡献 80% 的生产力一样，20% 的人也往往造成 80% 的问题。这里所指的“关键少数”，往往都是那群最优秀的人。因此，为了确保高价值人才能充分发挥他们的能力，你需要帮助他们避免受到问题的侵扰。通过教练法对他们人格中的缺点进行干预，可以帮助你实现这一目标（后文将会详细谈论这一点）。
2. 高潜力人才：这些人主要是因为之前的表现优越，而被认定是组织未来发展的关键贡献者。尽管他们可能还不是领导者，但他们有成为领导者的潜力。在某些情况下，他们可能被视为未经雕琢的钻石，[55] 选择他们可能并不是根据他们的过往表现，而是根据对他们的潜能进行的全面评估（例如心理测评）的结果。这一群体是教练重点关注的群体，因为要想从个人贡献者或顶尖员工成功转型为优秀管理者或领导者，他们必须拥有良好的人际交往能力。从硅谷到华尔街再到职业体育圈，我们看到过太多优秀个体未能成为优秀领导者的例子。教练可以通过训练和发展领导技能来解决这一问题。这也就是为什么像通用电气这样的巨头每年会在培训和发展精英员工上花费超过10亿美元。同样，诺华集团和汇丰银行也会把公司的高潜力员工送到外面进行培训，这不单是为了让他们学习培训内容，还是为了加深组织未来领导者之间的关系。

3. 新聘/晋升人员：任何人面对一份新工作都需要一个适应期，去学习新技能，积累新经验。教练可以针对特定的发展需求，指导客户掌握新岗位所需的一些技能，从而加速这一过程。许多公司都会设置“拓展性任务”或“烈火洗礼”。宝洁公司会给新任命员工体验和尝试关键岗位的机会，其中最受欢迎的是海外岗，因为它能帮助年轻管理者理解经营大型公司的复杂性，了解其中所面临的实际问题，让专技人才尝试应对各种各样的问题。其他的严峻考验还包括，在偏远村庄建立业务（这是印度斯坦联合利华的一个常见挑战），或者加入一个正逐步走向崩溃的部门并扭转局势。

4. 外派员工：随着组织的发展，公司会变得更加全球化，并且相比于10年或20年前，如今人才的世界也变得更加国际化和互联互通。这意味着人才的跨境流动性在增强，海外员工的数量也在增加。教练法可以有效地帮助员工做好外派的准备，加强他们的全球思维，并帮助他们适应新的文化。这一点至关重要，因为在大型企业中，各分支公司可能存在不同的亚文化：阿根廷国际商业机器公司并不是美国国际商业机器公司的复制品；在文化层面，微软英国和微软中国也很不一样。除了帮助外派员工适应不同的文化，教练法的重要性还在于，它能帮助员工解决外派带来的个人问题：离开家人，独自生活，或者去适应不太稳定的政治或社会环境（例如，一名联合国工作人员从维也纳搬到金沙萨，或者德勤的一名经理从伦敦搬到马尼拉）。

除了高管教练项目，组织还会采用团体干预来提升领导者的潜能和领导力。那些旨在提升领导者专业技能和知识水平的干预措施非常有效，系统评审报告显示，其平均增益超过了1个标准差。[56] 同样，元分析表明，平均训练干预将使学习、表现和有效行为提升超过0.6个标准差。[57] 大多数培训项目旨在通过交流告诉你已知问题的解决方法，虽然领导者日常面对的问题很多都是模糊且不可预测的。[58]

然而，尽管在领导者身上投入的资源越来越多，领导力发展行业的价值也达到了数十亿美元，但领导力发展项目的有效性依然受到质疑，人们对整个行业的信心也在下降。考虑到精心设计项目的有效性已被有力论证，人们只能得出结论：在现实世界里，组织里发生的事情与科学家及信奉理论的从业者宣称的情况大相径庭。当然也有例外，例如一些大型创新型跨国公司，它们用科学的方法，不仅为自己，也为他人培养出了杰出的领导者。例如，宝洁公司培养的杰出人才包括梅格·惠特曼（惠普公司）、斯科特·库克（财捷公司）和吉姆·麦克纳尼（波音公司）。

另一个值得考虑的问题在于如何定义客户，这凸显了现实与理想的差距。正如评论者指出的那样，在培训过程中，“客户并不一定是那个接受培训的人，也有可能是组织中的其他人——也许是管理层中地位更高的人或人力资源部门的人”。[59] 大多数教练都把学员当作自己的客户，但对学员有利的事并不总是对组织（包括他们的老板、下属、同事或客户）有利。事实上，世界上最抢手的一些教练正是通过帮助客户——他们的学员——规避麻烦并在组织中得到晋升，成就了辉煌的事业。因此，对学员来说，教练成了值得信任的顾问，他们会帮助自己在职业发展上更进一步，即使这种成功可能会损害组织的利益。（比如托尼·索普拉诺，他利用自己的私人治疗师，成为更成功的黑手党大佬。）在理想情况下，教练能够改善学员的表现，同时让主要客户或利益相关方（人力资源部门、高层领导者、接受培训的团队或整个组织）受益。但在现实世界里，对学员有利的事情并不总是对组织有利。

优势教练法

近年来，在众多的教练法中，有一种方法异军突起，那就是“优势教练法”。虽然对此方法的定义各不相同，每个优势教练采用的手段也存在很大差异，但这一方法的核心理念是，当我们忽视学员潜在或实际的缺陷时，行为干预会更成功。因此，优势法的中心思想就是，与其担心能否克服我们的弱点，不如充分发挥我们的自然倾向，在我们已经擅长的事情上做文章。

优势教练法受到了人力资源从业者和人才管理专业人士的狂热追捧。例如，在谷歌上搜索“优势教练法”，你能得到近 5 000 万条结果，其中绝大多数是提供教练服务的网站和赞扬这种方法的内容。同样，在亚马逊网站，你能在该主题下搜到超过 8 000 本图书，其中包括盖洛普公司出版的畅销书，其主题为优势识别器。据报道，每年有 160 万名员工使用该方法，并且几乎所有《财富》世界 500 强公司都在使用这一方法。此外，有报道称，一些组织甚至计划在绩效评估中取消负面反馈，而“弱点”一词或多或少已经成为人力资源从业者口中的禁词，现在他们更愿意将其称为“机会”或“挑战”。尽管没有迹象表明人力资源从业者对优势教练法的迷恋正在消退，但如果你是一名相信实证的从业者，你应该远离这一方法，主要有以下五个原因。

第一，优势教练法没有科学依据。到目前为止，在知名的学术期刊上你找不到一篇经过同行评审的文章，能够证明发展干预措施在不考虑个人弱点的情况下会更有效。虽然缺乏证据并不一定代表没有证据，但值得注意的是，优势教练法的主要观点与负面反馈有益论的观点相悖，而后者是成熟的学术理论，[60]强调通过关注缺陷来改善人们的表现。这一点非常关键，因为优势运动的先驱们声称，传统的发展和培训项目注定会失败，因为它们关注的是个人的缺陷，然而，正如本书前文所谈到的，科学的元分析指出，传统的发展和培训项目在改善人们的行为方面能达到1个标准差的效果。这和优势干预法的效果相比，结果又如何？答案我们无从知晓，因为我们获取的有关优势干预法的信息都来自从业者的自我评估和优势教练法供应商的承诺。此外，为了提高效能，领导者需要发展新的优势，而不只是依赖他们已有的优势。

第二，优势教练法宣称能帮助人们识别关键能力、才能和职业优势，但从业者未能提供任何能将个人能力和群体基准进行比较的规范性数据。相反，优势教练法构想的前提是，无论如何比较，一个人最大的优势就是他最好的品质。换句话说，优势被定义为个体的最佳素质。[61]然而，对大多数人来说，他们的最大优势只不过是人均水平，对另一些人来说，情况甚至更糟。想象一下，一个人谈不上勤奋，但他的创造力和社交能力更差，那么我们可以把他定义为一个勤奋的人吗？这当然不可以，相反，他可能不仅缺乏创造力、社交能力，而且还很懒惰！为了帮助他改善自己，告诉他存在的不足可能更为有用，而非谎称他很勤奋（因为其他两方面的能力更差）。因此，如果你想认真评估人们的优势，或者他们在各个方面的才能，你应该明白非规范性的反馈是无效的。

第三，优势运动认为每位员工都应得到发展，因为每个人都有潜能和才华（尽管表现方式各异）。然而，考虑到顶尖员工的价值往往远高于其他员工，[62]组织花费资金去培养每一位员工是不明智的。换句话说，要想获取最高的投资收益率，你只需要培养顶尖员工或高潜力员工，其他员工所谓的“优势”对组织的贡献并不大。因此，在资源有限的情况下，企业应该将其学习和发展预算花费在那20%的人身上，因为他们贡献了80%的营收、利润或产出。

第四，一切都应适度，除了适度本身。事实上，即使是积极的品质，如果过度表现或表达，也会产生负面作用，心理学家将其称为“过犹不及”效应。[63]这提示我们，过分专注自身优势可能会将你的潜在优势转变为职业劣势。例如，关注细节可能会适得其反，变为完美主义和强迫症式拖延行为；自信可能会演变为傲慢、鲁莽和狂妄；雄心壮志可能会变为贪婪；想象力可能会变为离经叛道。正如后文将会谈到的，我们不缺乏有能力的领导者，他们有明显的优势，但由于他们对自身有害倾向的疏忽，他们最终会偏离正轨。据估计，几乎有一半登上《财富》世界100强的公司参与过反生产或不道德的活动，这些活动影响之恶劣足以引起媒体的口诛笔伐。

第五，尽管优势运动诞生之初是为了解决历史上对消极面的过度关注问题，但如今，这种不平衡倒向了另一个方向。实际上，随着积极心理学和优势论的流行，人们现在对积极面过于关注。这种关注与大多数人正在经历的管理实践和职场现实形成了鲜明的对比，正如杰弗瑞·菲佛所指出的那样，组织中充满了不满的员工：

> 员工不信任自己的领导者，各级领导者正在以越来越快的速度失去自己的工作……而领导力发展行业在培养有能力且成功的领导者方面已经失败，并将继续失败。[64]

因此，用一个忽略缺点并低估潜在缺陷的范式作为我们行动的总体框架，既是一种战略上的不负责任，也与现实脱节。那些广为流行、与领导力有关的学术文献，很多已经被心理自助行业劫持，优势运动似乎正散发出一种难以言明的乐观情绪，正如伏尔泰在《老实人》中所指出的："在最糟糕的时刻，坚信一切都是最好的，这本身就是一种固执。"

自我认知与声誉管理

教练干预是否有效，最常见的评判标准是，它是否增强了客户的自我认知。自我认知的定义虽然各不相同，但通常包括个人对自我优点和局限性的认识。针对自我认知，更具体且更具可行性的理解是，人们对自我行为如何影响他人的认识。这一观点根植于社会心理学的人际关系传统，即认为他人是构建自我意义和身份的重要来源。[65] 因此，健康的自我观由他人对我们的看法决定，而他人对我们的看法又由我们的行为塑造。换句话说，我们的自我评价必须反映我们的声誉。了解你自己就是了解他人对你的看法，因为他人比你自己更能观察到你的行为。支持这一观点的研究表明，那些自我描述与他人描述重叠度更高的领导者往往更称职。[66] 相反，那些自我迷失的领导者，如塞普·布拉特、克里斯蒂娜·基什内尔或安东尼·布莱尔，将更难从他人那里获得有价值的反馈来改进自我。虽然这些例子可能比较极端，但我们大多数人在某种程度上也未能意识到他人是如何看待我们的，这对管理者来说尤为如此。令人惊讶的是，许多聪明且有上进心的人也不能客观地评估自己的行为。

人们通常对自己的能力缺乏认知，[67] 并且对自我表现的评估往往过于粗略而不准确。[68] 此外，元分析研究表明，人们对自我认知的程度也不甚了解。情商是自我认知的重要标志，人们对情商的自我评分和他人评分之间的关联性，相比于智商或其他能力更低。[69]虽然影响自我认知的因素有很多，但最重要的是准确的反馈。因此，教练法常常被定义为一种系统性的反馈干预。[70]研究表明，如果教练能提供更多、更准确的反馈，培训的效果将会显著提升。[71]大量的定量综合分析表明，反馈干预将表现平均提升了近 0.5 个标准差，尽管在现实世界中，30%的干预措施实际上恶化了学员的表现。[72]因此，反馈是增强自我认知、了解自身优缺点的关键，然而，如果反馈是模糊或不准确的，反馈的内容也只是好听的，那么结果可能是弊大于利的。

不幸的是，我们并不会主动寻求反馈，无论是在工作中还是在生活中。首先，我们一般会高估自己的自我认知，尤其是在对自身了解较少的情况下。其次，在大多数文化中，尤其在西方世界，寻求反馈常常被视为一种软弱的表现。同样，不寻求反馈可能使我们看起来更加自信，从而帮助我们假装自己有能力，进而在职业生涯中取得进步。

显然，有些人比其他人更能接受反馈。研究表明，人们在工作中寻求反馈的意愿总是存在差异。年龄越大、越成熟和经验越丰富的人，越不可能向他人寻求反馈。[73]相反，具有好奇心且心态开放的人、学习动机强烈的人，以及那些稍微缺乏自信和善于自我批评的人，更有可能寻求他人的反馈。这也不奇怪，个体在自我认知上天生存在差异，这意味着有些人天生就明白他人看法是重要的，并能评估自己对他人的影响力。

尽管只有不到 15%的组织会评估其教练计划的有效性，但有大量的证据表明，有效的评估方法，如科学有效的人格评估和360度反馈评估，能带来最好的结果。例如，一项针对一家跨国公司的1 361名管理者的对照实验表明，基于反馈的教练法让管理者更愿意寻求建议，同时改善了他们随后一年的表现（由其直接下属评估）。[74] 因此，如今各行各业普遍使用360度反馈评估，这无疑是个好消息，因为找不到比它更能直接增强当事人自我认知的方法了。如果你想了解自己的行为对他人的影响，最好的方法就是审视别人对你的匿名评价。[75] 当然，就像猫途鹰、互联网电影资料库或亚马逊上的用户评论一样，一些评论可能更多反映的是评论人的态度，而非评论目标本身的优劣。然而，当大多数人都指出了相同的问题时，还是能说明一些问题的，如果这时你还熟视无睹，那就不明智了。研究还表明，那些天生擅长监测自身行为的人在360度反馈评估中的评分并没有变得更高，这表明即使被评估者故意伪装或欺骗也不会影响360度反馈评估的准确度。[76]

此外，360度反馈评估是衡量改变干预效果的极其有效的工具。由于360度反馈评估通常关注的是广泛的工作相关行为，而部分行为正是教练法和发展干预重点关注的对象，因此，在另外一个时间点再次进行相同的360度反馈评估，将有效量化变化。包括领导者在内的每一个人，都会试图通过反复进行同一人格评估来衡量自己的变化。虽然有效的人格评估不太可能每次都发生变化，尤其是在5年内并没有经历过极端事件的情况下，但如果人们在其关键行为上做出了改变，这种变化将会在360度反馈评估中反映出来，就像体重的变化会反映在同一台秤上。因此，教练法或行为改变干预的作用就是使人格评估失效：当教练法起效时，人格评估对表现的预测将会失效，因为被评估者为了做出改变会有意压制其自然倾向和习惯。

为了达到良好的教练效果，图5-1为霍根发展框架，说明了该如何最大限度地利用反馈干预。该图所示模型基于我自己公司的发展框架，虽然相似的模型已被更广泛的学术界使用和验证。[77]

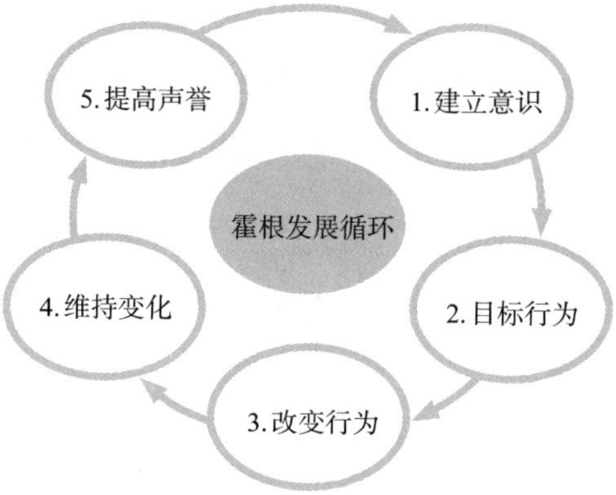

图5-1 霍根发展框架

如图5-1所示，整个循环始于建立意识的过程。通过使用360度反馈评估和有效的人格评估（分别提供有关表现和潜力的反馈），个人能够找到自我认知与他人对自己看法之间的盲点，发现理想自我和实际自我之间的差距。英语中“coach”（教练）一词也有“马车”的含义，这并非偶然，因为马车的主要任务就是把乘客从始发地运送到目的地。[78]该循环的第二步是找到需要改变的特定行为。这涉及设定相关目标，并将自己的职业目标和组织的目标对齐。实质上，为了让客户在工作中变得更加得心应手（或更满足），在这一阶段需要明确他们需要改变什么。第三阶段关注实际的变化：开始新的行为，终结旧的习惯，用积极有效的习惯代替有害的习惯。虽然我们总想把目标设定得很高，但牢固的习惯很难被打破，而要养成新习惯需要我们投入大量的时间和精力。因此，比起试图改变整个人格，针对一些关键行为进行持久而专注的改进，将会获得更大的回报。第四阶段可能是最困难的：维持你的变化。毕竟，对绝大多数人来说，新年制订的计划都会在几个月内失败。[79]然而，成功者获得的回报也是巨大的，他们可以提升自己的声誉，收获人们更多的喜爱——这就是循环的最后一个阶段，也是达成前面全部目标之后的结果。通常来说，在循环完成后，至少还要 9 个月（通常是 12 个月）来重新实施相同的 360 度反馈评估，以检验最后一个阶段。这可以让人们了解自己的形象在他人眼中是否发生了显著的变化，并内化他人的看法，以增强自我认知。

因此，声誉是教练法和发展干预的终极目标，有效的培训可帮助客户设计并提升他们的个人职业口碑。尽管这一目标听起来似乎违背了我们的直觉，因为我们一般认为，教练法的目标是促使一个人向“真实的自我”转变，但声誉是一个更切实且重要的变量，毕竟与人格最相关的特质总是通过别人的眼睛展现出来。

伟大的大卫·鲍伊曾说："我就是最多人认为的那个我。"别人怎么看待我们比我们的自我认知更为重要。即使他人对我们的看法并不准确，但那也很重要：我们都是因为别人对我们的看法而被雇用、升职和被解雇的。

换句话说，重要的不是你如何看待自己，而是其他人如何看待你。当你的自我认知和他人的看法脱节时，你的自我认知就几乎没有价值。对科学研究的量化分析表明，别人对你人格（声誉）的评价比你的自我评价（本体）更能预测你未来的表现。[80] 例如，声誉比自我评价更能预测你的学术成就和工作表现。[81] 这一观点可以从历史上许多自我认知扭曲的大人物身上找到佐证。比如说，历史上大多数的残暴独裁者，包括希特勒、伊迪·阿明，对自己的看法往往非常积极，他们甚至相信自己是追求更美好世界的利他主义道德领袖。

正如后文将谈到的，忽视员工"弱点"（用政治正确的人力资源术语来说就是"发展机会"）的组织将付出代价。技术的卓越往往和"有毒资产"共生：多米尼克·斯特劳斯·卡恩、奥斯卡·皮斯托瑞斯和比尔·克林顿就是3位在各自领域极有才华的人，但他们对自己的阴暗面放任不管。一个组织的文化越政治化、越有毒，这种人就越能茁壮成长，就像细菌喜欢被污染的环境一样。可悲的是，虽然这些特质往往能推动个人职业的发展，但是以牺牲团队或组织的福利为代价的。

第六章
人才的阴暗面

本章将讨论人才的阴暗面，也就是那些和优良品质共存的不良或反生产倾向，它们的存在解释了为什么有那么多能力卓越、技艺精湛的人会偏离正轨。正如本章接下来将会谈到的，职场中诸如霸凌他人、盗窃和不诚实等不良行为往往与阴暗面人格特质有关。尤其是自恋、马基雅维利主义和精神病态，这三重阴暗面早已在学界得到广泛的研究，而且它们在职场中也相当普遍。拥有这些特质（和其他问题）的人，如果成为领导者，危害性将更大。这一点并不奇怪，因为阴暗面特质通常能帮助个体获得晋升。虽然这些特质可以帮助人们适应环境并走向成功，但他们的成功往往是以牺牲别人的利益为代价获得的。

* * *

虽然很少有比才能更让人心动的品质，但对才能的讨论大多局限于其光明面，而忽略了其阴暗面。事实上，如果一个人才模型忽略了个体功能失调的特质，那么它是不完整的。这些阴暗面倾向是普遍存在的，大多数人都会至少表现出两种潜在的职业脱轨风险，有多达 15% 的人符合与人格相关问题的临床标准。[1] 此外，几乎可以说，在每一个组织中都或多或少存在病态的阴暗面，即使在最高管理层也是如此。

在这一方面，有两点值得注意。首先，即使是才华横溢的人也会存在一些问题。这些阴暗面特质通常与才能相伴而生，是才能的副作用。换句话说，优点和缺陷往往在一个人身上共存，某些缺陷只是优点不恰当的表现，对那些才华异常出众的人来说，尤为如此。比如说，极度自信的人常常会贬低他人，并对自我形象带有滤镜；极具创意的人可能会忽视细节，总是不断切换自己的想法，无法长时间专注于任何一个事项；极度擅长社交的人可能会操纵他人。其次，某些品质在一些情况下可能是优点，但在别的情况下会成为障碍。比如说，冒险精神对初创企业家来说可能是一项宝贵的资产，但对健康与安全员来说是一种负担；创造力对广告文案作者来说可能是一个优点，但可能是会计师的噩梦；外向性格可能对销售人员很有帮助，但会对图书馆管理员产生困扰。这些例子虽然看起来简单而琐碎，但我们确实很难想象有哪一种才能特质可以适配任何场合，并且没有任何负面作用，特别是当这种特质过度表现的时候。

有时，才能的阴暗面可能会给人带来优势，却是以牺牲别人（例如同事、下属或整个组织）的利益为代价换来的。例如，不诚实的员工会用欺骗的手段获得晋升的机会，贪婪会使自私的人获得权势，但对集体来说，成本是高昂的。对集体来说，那些诚实、有才能且无私的人如果能在职业上有所发展并成为领导，将更有益处。同样，自信能帮助人们晋升，但要出色地完成工作，真正所需的是能力。从这个意义上来说，阴暗面特质所带来的个人的短期成功是以群体的长期不幸为代价的，这一点在不良的组织文化中尤为明显。这种组织文化会鼓励人的阴暗面，滋生有害的个性特征。这一现象的典型例子就是涉及巴克莱银行交易员的伦敦同业拆出利息率丑闻。

从实际出发，之所以要评估人才阴暗面，一个主要原因是反生产工作行为在组织中日渐流行。不道德且反社会的工作行为，例如违反规则、网上闲逛、欺凌和盗窃，每年会造成多达数十亿美元的经济损失。比如说，安然公司和世通公司的审计丑闻，仅在第一年就造成了400亿美元的损失[2]，这相当于美国一年的国土安全预算；2008年全球金融危机也是一个很好的例子，它是由不道德的银行家及与其合谋的政府长期操纵和欺骗造成的，给世界经济带来了25万亿美元的损失。[3]

人才的光明面预示了职业的成功和工作的高效，阴暗面则预示了失败和脱轨。[4] 正如一些评论所言：

> 乐观、正直和自我认同感可能预示着健康和幸福，马基雅维利主义、自恋和精神病态可能预示着不当行为。[5]

反生产工作行为是一种故意伤害员工或组织的行为，几十年来的研究表明，这种现象相当普遍且危害严重。[6]

我们生活在社会中，要想与他人共事，就需要做出牺牲，克制个人的欲望，遵守某些有利于他人的规则。此外，与他人合作需要刻意展现大量的亲社会行为，抑制自己自私和反社会的本性。反生产工作行为对职场的和谐造成了威胁，让人们无法建立和维持关系。从这个意义上来讲，反生产工作行为是良好的组织公民行为的反面，虽然这两者可能会同时出现。你可能一边展现良好的组织公民行为，一边进行反生产工作行为，又或者两种行为都不会展现出来。

反生产工作行为太过普遍，几乎已经成为工作表现的一个重要组成部分，[7] 它对员工和整个组织的影响巨大。[8] 挑衅、违规、报复和复仇行为会降低员工的士气和生产力。[9] 同样，口头或身体骚扰、欺凌和盗窃会让员工失去工作动力并浪费组织资源，由此损害组织的产出。由此，有人建议，把任何对组织有害的行为都定义为反生产工作行为。[10] 这些行为通常受到情境因素的驱动，但也反映了当事人的人格特质，正如本章所谈到的阴暗面特质。

行为始终是情境和个人特质相互作用的产物，它们让一些行为出现的频率更高。例如，好斗的人在压力和紧张下更有可能向同事发火。同理，冷静且善于交际的人遭受更多的挑衅和压力时才会表现出攻击性。因此，人格决定了人们在特定情况下展现出反社会行为的频率，也就是一个人在特定情况下做某事的概率。组织如果想要降低反生产工作行为出现的频率，需要净化自己的组织文化，并筛选出问题员工。我们可以通过关注人们的阴暗面来实现这一点。不管员工多么才华横溢，如果他们无法抑制自己的阴暗面，他们迟早会展现出反生产工作行为，并伤害他们的同事和组织。

阴暗面带来的负面影响在领导者身上尤为严重，因为他们能影响更多的人，他们的行为、决策和价值观会塑造整个组织的文化。当个别员工行为不当时，他们只会影响少数人，如果组织文化还不算太腐败，这些人会受到惩罚甚至被驱逐出组织。然而，如果领导者腐败，性格暴躁，好斗且喜欢鲁莽行事，他们的恶劣声誉将会渗透到整个组织，形成一种以恐惧、受挫或压抑为特点的组织文化，而这往往会让更多的员工表现出类似的行为。

“阴暗面三角”

尽管人才阴暗面的定义层出不穷，但大多数定义侧重于那些非良性、反社会或表现出功能失调特征的个体特质。这些特质具有一种内在倾向性，这意味着它们构筑起了相对稳定的人格特质。

这也暗示了个人的阴暗面可能会反复引发人际关系问题，而不是导致一次性或偶发的问题行为。作为率先把人格评估用于就业筛选的顶尖心理学家，乔伊斯·霍根和罗伯特·霍根提出了全面且权威的阴暗面分类法。[11] 他们的模型预设职场中存在亚临床（轻微）人格障碍患者。功能的失调会使员工偏离轨道，削弱他们与他人建立并维持良好人际关系的能力，并能预测他们在压力或低自我监控情况下的表现。事实上，阴暗面特质在很大程度上是个人在面对苛刻的环境要求（通常来自他人）时的一种应对机制。

在两种主要情况下，人格中的阴暗面会影响人们的行为。首先，当人们处于压力之下时，由于他们的认知资源被消耗殆尽，他们无暇顾及印象管理和声誉监控。其次，当人们过度放松时，他们会放下戒备，降低社交顾虑。在这种情况下，人们会“做自己”，这常常发生在人们和密友或亲属相处的时候。相反，当人们想要给他人留下一个良好印象时，例如第一次约会或求职面试时，人格中的阴暗面不太可能会显现出来。在这些情况下，他们会小心监控他们的行为，遵守社交礼仪，抑制不良和反社会的倾向。想一想我们在求职面试时常被问到的问题：你最大的优点是什么？你为什么申请这份工作？你 5 年内的规划是什么？这些问题都在邀请我们展现我们性格中最有利和最强大的部分，同时抑制我们不良的一面。即使当我们被要求说出自己最大的缺点时，其目的也不是让我们揭示自己真正的缺陷，而是让我们以积极的方式去呈现它们。这也解释了，为什么对这个问题最常见的回答是，“我是一名完美主义者”或“我不擅长自我推销”。

因此，我们也就不会奇怪，为什么在面试或其他短期交往中，很难发现别人的阴暗面。有充足的证据表明，自恋者的面试表现往往不错，精神病态者常常伪装成人才，当面试官的注意力被候选人的社交技能分散时，情况尤为如此。这些有不良特质的个体“并没有表现出明显让人讨厌或具有破坏性的行为，但他们对奖励和成本的评估、对责任和互惠关系的忽视，以及对他人缺少情感投入，可能会削弱人际关系所带来的约束力”。[12] 幸运的是，现在有比面试更好的方法来识别一个人的阴暗面。科学有效的人格评估能够识别出被评估者临床和亚临床的特征，即使他们试图掩饰这些特征。事实上，数百项学术研究都强调了心理测试评估得出的阴暗面倾向和相关工作产出之间的强相关性，涉及的范围包括个人表现、从优秀到不良的组织公民行为，以及团队与组织的效能。

此外，近年来出现了新的工具，可以帮助人们在日常生活中面对更广泛的人群（不仅仅是求职者）并识别出他们的阴暗面。其中一种工具是语言提取软件，也就是一种文本分析工具，它可以根据一个人在社交媒体如脸书和推特上使用的词语的频率和类型来推断他的阴暗面特质。[13] 例如，自恋者常常使用第一人称，如“我”或“我的”；有精神病态征兆的人更有可能进行咒骂、发表负面评论并侮辱他人，比如说互联网上的“喷子”。而强迫症患者的拼写错误可能更少，发帖量更大，且通常使用“已完成”和“正确”这样的词语。[14]

尽管人们存在多种阴暗面特质，但有三种受到更多的关注，它们就是自恋、精神病态和马基雅维利主义。这三种特质通常被称为“阴暗面三角”，表现出这些特质的人在与人交往时往往更“冷酷、自私和恶毒”。[15] 同样，在这“阴暗面三角”中得分较高的人，在工作之外（如人际关系中），也拥有剥削和操控他人的能力。[16] 接下来的部分将会更详细地讨论“阴暗面三角”。

自恋：工作中的特权感和狂妄

在所有的阴暗面特质中，自恋被讨论和研究得最多。这主要有两个原因：首先，自恋对组织和职业有着广泛的影响，从基层员工到高层领导都不例外。其次，无论是在组织层级的哪一层面，无论带来的结果是好是坏，自恋的影响都相当复杂。其主要原因在于，自恋对个体和组织既有好处，也有坏处。我们对自恋的关注体现在我们对自恋者的好奇上，他们常被描绘为书籍和电影中的主角和英雄。

以史蒂夫·乔布斯为例，他是这个时代被讨论得最多的领导者之一。尽管乔布斯缔造了当代最成功的公司之一，理应受到赞誉，但他的性格非常糟糕。即使没有对乔布斯进行全面的心理诊断，我们也能清楚地看到他身上的不良特质，这些特质在他职业生涯的不同阶段给他带来了巨大的危机。乔布斯的性格如此糟糕，以至于许多心理学家和管理专家惊呼苹果公司是一个“悖论”。一个性格不良且功能失调的人，怎么能创建有史以来最伟大的公司之一并领导备受赞誉的品牌呢？乔布斯的许多人格特质都是自恋的典型表现。杰夫·拉斯金因帮助乔布斯开发第一台麦金塔计算机而闻名，正如拉斯金所言：

> 乔布斯是一个糟糕的管理者……我一直很喜欢乔布斯，但我发现很难为他工作……他总是鲁莽行动，判断失误……他从不承认别人的贡献。[17]

这段话凸显了自恋在职场中的不良倾向：冲动且冒险的决策，贬低他人并窃取他人成果，无法与他人良好合作。此外，乔布斯还以其扭曲现实的能力而闻名，这让他能以一种自我且扭曲的方式看待世界。弗洛伊德将自恋这一特征称为自我协调的世界观，用这种世界观解读事物会使自我膨胀，甚至完全脱离现实。自恋者的自我中心意识、特权感和傲慢加重了他们的妄想，让他们认为自己是宇宙的中心，世界围绕着他们转。正是这种不合理的幻想助长了自恋者狂妄的愿景，虽然这些愿景常常能吸引追随者并迷住粉丝。然而，不应忽略的是，虽然有自恋者实现了宏伟的愿景，例如史蒂夫·乔布斯、西尔维奥·贝卢斯科尼甚至唐纳德·特朗普（他们的成就远超大多数人的预料），但还有更多的自恋者失败了（想想电视剧《办公室》中的大卫·布伦特和迈克尔·斯科特）。

唐纳德·特朗普这个案例尤其有趣，因为它凸显了自恋的双刃剑特征。一方面，自恋者展现出了一系列不受欢迎的特质，如傲慢、直言不讳和攻击性。但另一方面，他们的自信又伴随着某种魅力，这让他们令人着迷，在某些情况下，他们甚至能假装自己有能力。正如《经济学人》所指出的：

> 特朗普机智敏捷，富有魅力，在作为电视真人秀明星的那些日子里，他那膨胀的自我为他建立了一个夸张的公众形象。我们不确定这是一种自我嘲弄，还是纯粹的自大狂表现，但这种不确定性正是表演的一部分。[18]

我们对自恋者的崇拜并不是新鲜事。事实上，对自恋的研究可以追溯到19世纪末，那正是科学心理学兴起的时候。英语“Narcissism”（自恋）一词起源于希腊神话中纳西索斯的故事。故事的主人公纳西索斯是一名英俊的猎人，他在水池中凝视自己的倒影时，爱上了自己。他对自己水中的倒影异常痴迷，对生活失去了兴趣，最终孤独地死去，或者说淹没在自己的倒影当中。弗洛伊德对自恋进行了大量的论述，强调了其光明面和阴暗面。[19]当程度较轻时，自恋可能会促进亲社会行为的发生，驱动人们获取他人的认可、尊重和敬佩。然而，过度自恋会导致对自我的过分沉迷，将他人视为观者，无法关注除自己以外的任何人。弗洛伊德将这种病态自恋称为“自体性欲”，这是一种反社会的自爱形式，个体对自我的欣赏欲望太过强烈，以至于无暇顾及他人（除了他们的忠实粉丝）。

无论从临床还是亚临床的角度来看，自恋的症状一般都很相似：对自我重要性的夸大描述，也就是说，认为自己很特别且比他人更重要……对无限成功的幻想……对批评的高度敏感……有特权感……剥削他人……缺乏同理心。[20]在理性的世界里，我们认为这种特质会给职业带来一系列的负面结果，但在现实世界中，职场中的自恋带来的影响更加复杂。例如，元分析研究发现，自恋与工作表现[21]、工作满意度[22]或组织公民行为[23]之间没有关联。然而，在特定情况下，自恋者可能表现得更出色，比如说，那些只需进行短期印象管理而非注重长期关系的销售工作，那些能够给观者留下深刻印象、获取地位的挑战性任务，或那些需要向人证明自己有创造才能的工作。有趣的是，研究表明，尽管自恋者的创造力和常人无异，但他们往往擅长伪装出有创造力的样子。[24]此外，自恋者更有可能成为领导者、显赫的政治家[25]或首席执行官[26]，这一点在美国尤为突出。

尽管如此，自恋也会给工作带来一系列的负面影响，例如作弊、欺凌、撒谎和白领犯罪。[27]元分析研究证明了自恋和反生产工作行为之间的正相关关系，因此，随着一个人自恋得分的增加，其伤害他人和组织的概率也会增加。[28]著名精神病学家、思想家奥托·科恩伯格指出，自恋者“显然是剥削性的，有时还是寄生的。他们似乎觉得自己有权利控制和占有他人，即使是剥削他人也不需要感到内疚，在他们通常看似迷人和魅力四射的外表之下，你能感受到冷漠和无情”。[29]自恋对他人的影响似乎会随着时间的推移发生一定的改变，如在刚打交道时，自恋者可能会显得很自信、迷人、有趣，但随着时间的推移，他们可能会表现出更多敌对、冷漠和攻击性的行为。[30]

如果自恋者遭受批评，这种行为的恶化速度可能会加快。实际上，自恋者对挑战或威胁的反应相当激烈，他们往往会攻击批评者并贬低他们。[31]正如评论者所指出的，“职场中充满了针对自尊的潜在威胁，包括糟糕的绩效评估、与同事的竞争、新技术的应用障碍和失败的项目，高度自恋的人对感知到的威胁过于警觉”。[32]一般来说，比起普通人，自恋者从愤怒转向攻击的速度更快、强度更高。这种反社会行为往往会被掩盖，特别是当自恋者从事一些似乎亲社会的活动时。事实上，自恋者可能会表现得非常利他，特别是当这种行为能潜在地提升他们的声誉和社会地位时。这或许可以解释，那些白手起家的亿万富翁，例如比尔·盖茨、马克·扎克伯格、沃伦·巴菲特和卡洛斯·斯利姆，为什么会纷纷加入慈善竞争，就像当年的约翰·洛克菲勒和安德鲁·卡内基一样，想要获得“世界上最慷慨或最慈善的人”的名号。尽管一些人是真正的利他主义者，但更多的人将慷慨融入自己的无情、刻薄和病态的野心当中。因此，我们或许可以把竞争性的慈善活动[33]理解为伪装下的自恋利他主义（或者就是自恋主义）。

精神病态：职场中的社会掠食者

“阴暗面三角”中的另一个角是就是精神病态，其特征如下：

> 对他人和社会监管机制的淡漠、冲动，当伤害到他人时缺乏内疚或悔恨。在人际交往中，精神病态者往往是印象管理的能手，能说会道且富有魅力。[34]

在最初的标准里，精神病态和自恋一样都被视为一种临床特征。然而，程度较轻的人在生活中比比皆是，在企业中更是如此。罗伯特·黑尔开过一场很有名的讲座——“我们身边的掠食者”，他指出，“并非所有的精神病态者都在监狱，他们中有些人在董事会里”。从某种程度上来说，庞氏骗局、网络诈骗、内幕交易、腐败和挪用公款都可以归为精神病态者在工作中的表现。[35] 据估计，多达 300 万的美国上班族完全符合精神病态的标准，[36] 同时，在职场中表现出亚临床或轻微精神病态倾向的人可能难以计数。

尽管大众对职场精神病态这一主题兴趣浓厚，但相关的学术研究较少，并且职场精神病态带来的影响——无论是负面的还是正面的——往往被夸大了。[37] 尽管早期的研究证明，360 度反馈评估可以有效识别出职场中的精神病态者，[38] 但它往往会高估职场中的精神病态者的数量，带来许多“假阳性”患者。[39] 不过，即使把正常或积极的人格特质包含进去，我们还是可以用可靠的心理测评工具来评估临床和亚临床水平的精神病态，并预测可能出现的一系列反生产工作行为。[40]

此外，综合考察 360 度反馈评估、心理测评和客观绩效评级的研究报告显示，精神病态者在企业中出现的频率要远高于在整体人口中的水平，并且他们在职场中往往展现出好坏参半的特征："在组织内部，精神病态与魅力或表现风格（创造力、良好的战略思维和沟通技巧）呈正相关，与责任感或表现（团队合作精神、管理技能和总体成就）呈负相关。"[41] 精神病态者更有可能创业，毕竟他们对冒险和潜在风险的敏感度较低。[42]

一项实验室研究评估了人们对他人情绪的反应，结果表明，精神病态者看到他人受苦时会体验到积极情绪，反之则是消极情绪。[43] 然而，精神病态者的情绪往往比一般人更稳定，这为他们做决策提供了优势，毕竟情绪往往会影响判断，能在做决策时（特别是在做与他人相关的决策时）保持冷静，无疑是有利的。[44]

精神病态者的事业心可能也更强，这意味着他们会通过非表现型活动获得成功。[45] 作为领导者，他们更有可能成为甩手掌柜，采取放任式的领导风格。[46] 不出所料，具有精神病态倾向的领导者越多，团队越难认真做事，员工对自己工作的满意度也越低。[47] 因此，尽管精神病态者的动机和行为可能推动他们到达组织高层，但组织和社会将为此付出高昂的代价。尽管精神病态可能会给个体带来好处，但一项学术综述总结道：

> 精神病态实际上是一种人格障碍，其特征是缺乏同情心、愧疚感，情感淡漠，操纵他人，以及有严重的、蓄意的暴力反社会行为。精神病态者极大地增加了社会成本，这不仅体现在他们的犯罪行为直接造成的经济后果，以及他们缺乏对正常的工

> 作生活的参与，还体现在对受害者情感和心理的伤害。[48]

莱昂纳多·迪卡普里奥在电影《华尔街之狼》中扮演了乔丹·贝尔福特，他很好地演绎出精神病态者的光明面和阴暗面。贝尔福特是一个富有魅力的冒险家，他有能力让客户和员工为他着迷，却缺乏道德感，只要能增加自己的财富和权力，他就敢蔑视法律，打破规则。拥有这种人格特质的成功的犯罪者包括阿尔·卡彭、巴勃罗·埃斯科瓦尔和绰号为“矮子”的华金·古斯曼·洛埃拉，即使在极端压力下，他们往往也能冷静地做出深思熟虑的决定。有大量好莱坞电影描绘了有精神病态倾向的成功人士的犯罪，这足以证明我们对此人格特质的迷恋，也在一定程度上解释了为什么他们能逍遥法外（至少在一段时间内）。

马基雅维利主义：政治权谋的阴暗面

马基雅维利主义是“阴暗面三角”中的最后一角，自20世纪70年代以来，人们对其进行了广泛的研究，研究范围不仅包括管理和组织心理学领域，还与政治有关。如果你看过电视剧《纸牌屋》，你可以把里面的弗朗西斯·安德伍德视为马基雅维利主义的代表人物：一个精明的政治操弄者，对操控和欺骗他人毫无愧疚之感，愤世嫉俗且道德感薄弱，极度关注自己的利益，对他人几乎没有同情心。马基雅维利主义者在高度政治化和非正式的环境中尤为成功，因为他们的手段相对不会受到严格的流程和官僚障碍的限制。

正如其名所示，马基雅维利主义的概念起源于尼科洛·马基雅维利的著作，特别是《君主论》。[49]《君主论》是一本关于政治权力积累的著作，马基雅维利用简明而有力的例子，证明了那些社交智慧颇高但不道德的领导者的有效性，他们专注于实现自己的目标，不在乎是否会伤害到他人。以下是书中的一些关键观点：

> 人们看到的都是你的表面，只有少数人知晓你真实的样子。
>
> 如果必须对一个人造成伤害，那就彻底伤害他，让他无力进行报复。
>
> 普遍来说，人都是善变、虚伪且贪图利益的。

此外，马基雅维利主义最为人熟知的观点是"为达目的可以不择手段"，虽然这句话并没有出现在《君主论》中，也没有出现在马基雅维利的其他著作当中，但这句话的中心思想体现了马基雅维利主义，道出了马基雅维利人格的本质：无情且不体谅他人，利用一切能用上的资源，不管对他人的伤害有多大，也要实现自己的目标。毫不奇怪，马基雅维利主义和精神病态有不少重叠之处，两者都以明显缺乏同情心和道德感为特征。[50]然而，我们通常认为，马基雅维利主义者比精神病态者更加狡猾、更善于交际。因此，有人指出，马基雅维利主义者要想达成自己的意图，必须获得社交技能的支持，否则会惹人讨厌，给人留下社交无能的印象。[51]

此外，考虑到马基雅维利主义者往往不尊重社会交换的基本原则（这些原则让个体能够相互合作，形成高效的团体、组织和社会），可以预见的是，大多数马基雅维利主义者迟早会面临职业生涯瓶颈。正如一部学术综述里提到的那样：

> 马基雅维利主义者倾向于违反社会交换原则，这削弱了他们与他人的联系……他们依靠政治计谋，而非专注于自己的工作来获取成功，这可能会进一步降低他们的表现。[52]

因此，也不意外，马基雅维利主义者更有可能做出反生产工作行为，尤其是虐待和背叛同事。比如说，实验室研究表明，马基雅维利主义者的伦理观是扭曲的，这会导致他们在道德上为自我开脱，并会对自己腐败和反社会的行为进行辩护，因此他们更有可能在伤害他人之后毫无悔恨之心。[53]

“阴暗面三角”之外

自恋、精神病态和马基雅维利主义并不能代表全部的阴暗面人格特质。霍根阴暗面理论框架概述了 11 种职业脱轨特质，它们代表了在外部压力过大或过小的情况下——如承压、放松戒备、单纯做自己时——所展现出的不良或有害的社会行为倾向。[54]表 6-1 描述了这些特质，包括高分负面行为的表现和低分积极行为的表现。这 11 种职业脱轨特质可以被视为临床上症状较轻且更具适应性的人格障碍。[55]

表 6-1　霍根阴暗面人格模型

11 种职业脱轨特质	低分积极行为	高分负面行为
远离众人		
激动	即使面对压力也依然冷静，情绪稳定，沉着	情绪不稳定，容易失望，缺乏明确的方向感
多疑	积极稳定，合作信任	愤世嫉俗，怀疑，容易记仇
谨慎	开放，热情，愿意尝试新事物，果断	害怕，回避，缺乏自信
内敛	热衷社交，有同情心，关系导向	疏远，孤立，不合群，对他人似乎漠不关心
消极	合作，乐于接受反馈，能够表达感受	被动攻击，易怒，容易感到不被重视
反对众人		
自大	谦逊，自我意识强，能够接受批评	自以为是，过于自信，好胜心极强，高估自己
狡猾	真诚，顺从，可靠，有合作精神	冒险，冲动，操控他人（通常很有魅力）
多彩性	安静，自我克制，专注于任务，低调	容易分心，行为夸张，喜欢成为焦点
幻想	务实，乐于接受他人想法、现实	古怪，喜欢标新立异，不善于坚持
接近众人		
苛求	放松，宽容，灵活，能够按时完成任务	强迫症，固执，容易拖延，微观管理
恭顺	独立，自给自足，意志坚定	优柔寡断，讨好他人，热衷于取悦和顺从他人

霍根模型提供了一个全面的框架，帮助我们预测和解释职场中存在的问题行为。无论人们多有能力和才干，他们的光明面背后一定是阴暗面，而阴暗面中蕴含着毁灭的种子。表 6–1 提到的 11 种职业脱轨特质，向我们精确地描述了人们是如何偏离轨道、走向失败，以及难以建立和维持关系的。这些职业脱轨特质主要可以分为三类，对应了卡伦·霍妮的功能失调倾向模型。[56]“远离众人”类型意味着要从社交互动中抽身，对人际关系的投入减少；“反对众人”类型意味着社交恐吓、心理主导和巧妙操控，这一类型常常被称为“魅力类型”；“接近众人”类型意味着起反作用的从众、依赖心态，以及取悦和打动他人的病态渴望。

你可能已经注意到了，尽管使用的标签不一样，但“阴暗面三角”也在霍根的分类当中有所体现。自大代表自恋，狡猾代表精神病态，多疑和狡猾共同代表马基雅维利主义，因为马基雅维利主义者是愤世嫉俗且精通政治的精神病态者。虽然表 6–1 只强调了低分的优点和高分的缺点，但高分也会有优点，低分也会有缺点（后文会详谈）。最后，决定这些有害特质是否会引起问题行为并导致职业脱轨的关键在于个人自我认知的程度，以及他们能否监控自身行为和是否具有管理自我声誉的能力。大多数正常的成年人都会表现出至少两种职业脱轨特质，几乎没人一个都没有。然而，即使一个人拥有全部的职业脱轨特质（确实是有的），但只要他能驯服自己的阴暗面，控制住自己的职业脱轨特质，他仍然可以在职场中正常工作。

然而，在多个阴暗面特质上得分较高的领导者，却能拥有卓越的表现：他带领的团队对工作的投入度高，组织营收颇丰。这个现象在企业界并不罕见。领导者潜在的功能失调和超出预期的卓越成就之间存在明显的断层，他们的 360 度反馈评估分数较高，而人格测试评分较低，通过比较两种测试的结果，我们可以更好地理解这种不一致。这种领导者可能善于自我监控，能够避免紧张或压力的侵袭。他们保持警惕，防止自己在职场中做出有害或反生产工作的行为。霍根阴暗面人格模型是识别和减轻领导者脱轨现象时最常用到的理论框架，在教练和发展干预行业中被广泛使用。但是，我们对领导力的阴暗面又了解多少呢?

领导力的阴暗面

关于人才阴暗面的大量研究都是围绕领导者展开的。在这一方面，学者指出，阴暗面包含了“有缺陷的人际策略，这可能会削弱领导者建立和维持高绩效团队的能力”。[57] 此外，研究还表明，关注阴暗面还能提升领导力发展干预措施的效果，部分原因是阴暗面特质能预示领导者对教练和改变干预的反应。[58] 例如，研究表明，自恋会持续损害领导者监控自身表现的能力，导致他们对自我的评估过于宽松友好。当然，即使自恋者收到了对其行为的客观反馈，他们仍然会以膨胀的自我观来解读事件。[59] 不出所料，自恋型领导者也更有可能完全抵制发展和教练干预。

尽管自恋型领导者常被认为有远见卓识且能鼓舞人心，但他们往往会做出冲动和冒险的决策，让公司表现难以预测且充满危机。[60] 自恋者擅长描绘大胆而宏伟的愿景，这让他们很容易吸引追随者并塑造追随者的信念——这对那些顺从或缺乏安全感的人来说效果尤为明显，这类人和自恋者的特质正好相反。因此，自恋型领导者、易受影响的追随者和受污染的环境共同组成了“有害三角”，在此条件下，自恋能展现出最大的影响力。[61] 然而，自恋型领导者虽然表面上具有领导魅力，但对他人的感受并不在意，也较少做出符合道德标准的行为，无论环境是否腐败，都是如此。研究报告显示，熟悉自恋型领导者的人通常会认为他们在诚信方面的得分较低。[62]

幸运的是，自恋者的不切实际的幻想很少会得到他人的认同。自恋者往往对自己的领导力的评价很高，而实际上别人对他们的评价比较低，同时，他们会对同事表现出更多的反社会行为。[63] 此外，自恋型领导者在面对负面反馈时更有可能采取防御性措施，因为这些负面反馈冲击了他们膨胀而肤浅的自我。[64] 毫无疑问，识别自恋者的最好方法就是质疑他们的才能，并观察他们的反应——越自恋的领导者，越会为此恼怒。公司的首席执行官越自恋，他们越有可能在收购其他公司时支付不合理的高昂费用，这大概折射出了他们膨胀的自我和过度的自信。[65]

尽管存在这些不良影响，但阴暗面倾向往往能推动个人走向领导层。实际上，有充分的证据表明，不良品质对个人职业的成功有积极的影响。例如，有研究表明，宜人性（一种与自恋、马基雅维利主义及精神病态呈负相关的特质）每降低一个标准差，成为管理者的概率就会增加 2.8%。[66] 换句话说，你对他人的关心程度越低，就越有可能成为管理者！这一发现也得到了大规模元分析的支持，研究表明，宜人性与领导效能呈正相关，但和成为领导者的概率呈负相关。[67] 其他研究表明，阴暗面特质得分中等的领导者比得分极低或极高的领导者更有领导力。例如，宜人性很低的领导者可能会欺压下属，但宜人性过高的领导者可能过于和善，不愿面对冲突，从而无法直面表现不佳的员工并处理争议性问题。[68]

研究还认为，阴暗面人格特质和变革型领导是有关联的。变革型领导是一种个人领导风格，其特点通常是有远见、温暖、鼓舞人心和富有魅力。一些脱轨特质，例如多彩性（表现出古怪和寻求关注倾向），与变革型领导呈正相关，因为拥有此种特质的人习惯于寻求和吸引他人的注意，并迅速和他人建立关系。然而，长期来看，多彩性特质突出的领导者不擅长组建和维持有效的团队，他们职业脱轨的可能性也较高。[69] 其他的一些阴暗面特质，例如内敛和谨慎，与变革型领导呈负相关。有趣的是，擅长鼓舞人心的领导者也更有可能表现出狡猾的特质（霍根所说的“精神病态”）。[70]

阴暗面中的光明面

虽然人们普遍认为阴暗面特质是不受欢迎的，但这并不意味着它们总是不利的。大多数阴暗面特质可以被视为正常特质在某种程度上的偏离，这体现了它们具有适应性的一面。例如，“阴暗面三角”中有着很明显的达尔文主义色彩：自恋、精神病态和马基雅维利主义使自利策略和操控技巧不断升级，它们通过牺牲合作来增强竞争。虽然长期来看，利他主义、同情心和合作有利于群体的生存，但短期来看，那些能够欺骗和影响他人、更聚焦于自身利益而非他人福祉的人，更容易获得优势。为了在集体中生活，我们必须创设一些规则；为了让集体正常运转，大多数人必须遵守这些规则。也就是说，在任何群体中，少数人会因为违反规则和走捷径而受益。

阿根廷就是一个很好的例子，它是我出生的地方。在个人层面，阿根廷人相当聪明且受教育程度高，然而他们也以放肆和狡猾著称。阿根廷文化的一个特点是“精明和愿意打破规则”。虽然在个人层面，这些特质通常体现了他们适应性的一面，但精明而不遵守规则的人太多，也给阿根廷社会带来了持续的混乱。自20世纪第一个10年以来，阿根廷的经济状况基本上是逐步下降的。相比之下，新加坡人可能被视为“社交保守者”：他们内向、好学，过于尊重规则而变得高度顺从，缺乏个人想象力。然而，不出所料，这种集体主义倾向让新加坡成为世界上最繁荣和令人钦佩的国家之一。需要明确的是，新加坡人可能也有阴暗的一面，比如过于谨慎、苛求和内敛。然而，“阴暗面三角”的缺失似乎与国家的成就有逻辑上的关联，就像阴暗面特质的流行导致了阿根廷的失败。虽然有人认为精明狡猾的阿根廷人去新加坡后将“茁壮成长”，但让一些阿根廷人移民新加坡可能并不足以“腐蚀”新加坡。进化心理学家将这种现象称为“负频率依赖选择”：当某些特质不那么常见时，这些特质的适应性优势往往会增加，即使它们通常是负面的。[71] 例如，对一个贪婪的人来说，相比于与另外一群贪婪的人打交道，与一群诚实且利他的人打交道会让他更如鱼得水。

评估管理者人格阴暗面的研究表明，一些脱轨特质与职业成功（包括工作表现）呈正相关。[72] 例如，自恋在推动个人跃升至管理层方面起到重要的作用。首先，自恋增强了个体成为管理者和当权者的动机，让其对权力产生深切的渴望。[73] 其次，自恋让人看起来更像领导者。自大和自满在美国特别受到推崇，在世界其他地方，对领导者的看法也越来越向自恋倾斜。尽管人们常常强调谦逊和利他主义是领导力的基本要素，但事实上，人们判断一个人是否具有领导潜质时通常根据其自信程度而非其能力，因为自信、外向程度和魅力是人们评估领导潜力时常用的硬指标。然而，事实上，这些特质只能帮助个体成为领导者，对实际领导力的提升帮助不大。毫无疑问，自恋者能给他人留下良好的印象，他们即使缺乏实际的领导才能，依然能被视为领导者。

显然，自恋让人看起来更有能力，尤其是因为自恋者花费大量时间谈论自己并进行自我宣传。[74] 当用面试或其他短期人际互动场景评估才能时，这一做法尤为有效。自我欺骗或对自己的技能和能力抱有不切实际的看法是有利的，因为这样更容易伪装自己，让他人认为自己是有能力的：当你对自己的缺陷一无所知时，你更容易隐藏自己的不安；当你认为自己真的有才能时，你更容易愚弄他人，让人信以为真。因此，自恋者将自己伪装成拥有才能的人，与金牌销售售卖劣质产品的方法如出一辙——先说服自己，自己的东西是了不起的。同样，研究表明，尽管自恋者的创造力并不比普通人更强，但他们通常比普通人看起来更有创造力。[75] 简言之，欺骗自己，便可以有效地欺骗他人，而自恋者最擅长的就是欺骗自己。自然，如果人们能够识别才能，将自信与能力区别开，自恋者的这种优势将会荡然无存。然而，遗憾的是，我们很容易被那些自我欺骗的人所欺骗。

研究同样发现，自恋者在创业方面也具有一些优势。特别是自恋者更有可能创业，因为他们对成功抱有不切实际、过于乐观的期望。许多创业者都受到了自恋欲望的驱使，例如，想成为下一个沃伦·巴菲特、比尔·盖茨或雅诗·兰黛。一方面，这种对现实世界的扭曲认识和自大狂妄的态度会惹出祸端，因为它会促使个体做出成功率不到 1% 的职业选择（至少在工业化国家中，这一概率远低于传统就业选择的成功概率）。另一方面，过度自信也会促使少数个体实现成功，给社会带来巨大的效益。

例如，那些实现了宏大的创业梦想且仅占全世界人口 0.000 1% 的硅谷创业者，为全球提供了大量的就业机会，而那些失败的人独自为自己的失败买单，这意味着对集体来说没有损失。全球创业观察（GEM）是全球创业和自雇活动的重要数据来源，其公布的调查数据显示，对自我才能的感知是创业意图最主要的驱动因素。[76] 因此，如果你觉得自己可以成为下一个埃隆·马斯克或杰夫·贝佐斯，你就更有可能冒险创立一家公司，即使这种宏大的幻想最终会导致失败。具有讽刺意味的是，这种创业者常有的傲慢自大，有时却能惠及他人。因此，那些最初因为自恋而产生的梦想可能会助推他人进步和实现创新。

自恋并非职场中唯一带来回报的阴暗面特质。马基雅维利主义者的社交技能更为强大，他们通过假意与他人达成一致并隐藏自己的真实意图，来达到操控和影响他人的目的，因此他们也被称为“社交变色龙”。[77] 这使得马基雅维利主义者能够建立起强大的社交网络，当他们追求自己的目标时，他们能够获得权力和尊重。马基雅维利主义者往往更加愤世嫉俗和疑心重重，这在他们进行谈判或与其他马基雅维利主义者打交道时尤为有用。[78] 例如，那些具有马基雅维利主义倾向的人力资源从业者或人才管理专业人士，面对那些试图推销自己的骗子和虚假顾问的说辞时，更容易免疫。相反，在马基雅维利主义方面得分较低的人，可能会相信他们所听到的一切，并为他们善意的天真付出高昂的代价。此外，与其他阴暗面特质相比，马基雅维利主义使个体善于隐藏与此相关的不良特质，而其他阴暗面特质往往更明显、更外露。

精神病态也有其光明面。研究表明，精神病态者可能会因为其较低的同理心而受益：当你对他人漠不关心时，你就能做出更无情的决策，将商业利益置于人际关系之上。[79] 正如学者所指出的那样：

> 在个人倾向上表现出精神病态特质的个体，会在商业和公司环境中收获成功，当他们的工作要求他们必须保持理性、无情的行事作风时尤为如此。他们专注于达成成就，即使这种成就会给他人带来伤害；他们愿意接受冒险，拥有出色的社交技能，并且在别人眼中总是富有魅力。[80]

研究还考察了阴暗面人格特质在不同职业中的普遍性问题。[81] 结果表明，一些脱轨特质，如苛求，要比其他特质如恭顺或幻想更为常见，并且还存在一些明显和职业有关的脱轨特质，也就是说这些特质在某些职业中表现得尤为明显。比如说，在法律行业，从业者在激动、谨慎和恭顺这些特质上的得分普遍更高；在零售行业，从业者在多彩性这一特质上的得分普遍更高，而在幻想上的得分普遍较低。

依照同样的逻辑，我们也可以设想缺乏阴暗面特质可能会带来的不利影响。比方说，让一个有着极高领导抱负但自恋程度很低的人，或让一个在马基雅维利主义方面得分极低的人，来管理一个高度政治化和腐败的组织，那会是什么样？因此，所有的阴暗面特质都对职业有着多重影响，既有积极的影响，也有消极的影响。关键在于我们要认识它们所带来的影响，并避免只关注自己的优势："没有什么比意识不到自我局限性更为致命。"[82]

第七章

人才的未来

本章讨论人才识别的新兴趋势，并推测技术在未来几年重塑人才管理实践的方式。尽管人们夸大了职场生涯日益增长的复杂性，但员工个性的代际变化和技术的广泛使用可能会重塑当今的人才格局。最为显著的是，绝大多数千禧一代在工作中会展现出更高的自恋水平和更强烈的特权意识，这使得自我认知，特别是对自身局限性的认知，变得比以往更加稀少也更加重要。与此同时，好奇心和创业精神这两大能力将变得至关重要，它们将帮助员工成为职场中的自主学习者和价值创造者。因此，那些谦虚、会自我批评、能挖掘创新机会和乐于学习的人将会越来越受到欢迎。本章讨论的最后一个变化是向按需人才经济的转型，即组织利用技术按项目来吸引关键人才，在评估大多数人时不需要经过正式的选拔过程。

* * *

未来的人才将会带来什么？在回答这个问题之前，有3个关键因素需要考虑，这些因素可能会在未来几年内重塑人才的格局。首先是千禧一代的思维模式，因为有研究警告，千禧一代的自恋水平在急剧上升，同时我们还要了解它对组织的影响。我们该如何管理那些日益以自我为中心且自命不凡的员工？此外，更重要的是，千禧一代迟早会掌权，他们又该如何管理和领导他人？其次，三大关键工作能力——自我认知（帮助人们做出更好的职业决策并发展他们的才能）、好奇心（为我们在信息海洋中遨游提供导航，使我们永远保持学习的状态，并应对全球出现的复杂挑战）和创业精神（将静态的想法转变为创新性的产品和服务，并在危机面前抓住机会）——的重要性在与日俱增。最后是声誉经济的崛起，即劳动者的价值仅取决于他们的声誉，也就是集体和公众对他们才能和能力的印象。想象一个世界，在那里，每个人的身份除了由法律文件定义，还可以用一种便携的人才护照来定义，该护照记录了个人过去的职业成就和面向未来的职业潜力评分。这些评估标准可以由独立的人才评审（无论是不是人工形式）制定，其结果由员工保留。这种人才评估的方式类似于易贝的卖家评分和优步的司机评分，但适用的范围更广。面对这些变化，我们需要利用新的技术来识别人才和潜力，如果整合得当，它们将通过缩小供需差距，提高人们的职业适配度和生产力，重塑人才识别行业，从而使每一个人都从中受益。换句话说，我们可以期待这些变化让就业市场变得更加高效。

复杂性的错觉

著名的量子物理学家尼尔斯·玻尔曾指出："做出预测是非常困难的，尤其是关于未来的预测。"实际上，做出预测并不难，但要准确预测不容易。因此，正如亚伯拉罕·林肯所说："预测未来的最好方法就是创造未来。"考虑到这一点，在本章里，我的首要目标是描述未来人才应该是什么样的，而非预测未来人才可能是什么样的。本章中大约有40%的内容是关于预测的，剩余的60%是关于建议的，但我们很难区分两者，毕竟预测和建议都根植于相同的现象：过去和现在的人才管理实践。

当预测未来的工作时，我们常常会过分强调技术和全球化的影响，认为世界从未像现在这样复杂且难以预测。顾问和思想领袖们很喜欢将世界描述为"VUCA"①，但根据员工的工作体验，并没有太多的确凿证据可以表明，今天的工作从整体上要比20世纪50年代、19世纪50年代或公元前500年的工作更具有

① "VUCA"为4个英文单词volatility（易变性）、uncertainty（不确定性）、complexity（复杂性）和ambiguity（模糊性）的首字母组合。——译者注

"VUCA"特征。当然，现在的技术比以前要复杂得多，但随着技术的进步，体验的复杂性和对复杂性的体验感往往会下降。例如，从技术上来看，电子邮件比传统邮件更复杂，但电子邮件比传统邮件更便于沟通。同样，移动约会软件涉及的技术要比直接去夜店或酒吧约会更复杂，但通过交友软件Tinder约人，可能比在酒吧约人更加简单、明确和可复制。成功的概率不仅更大，并且可以更准确地进行量化。

需要说明的是，尽管18世纪的人普遍很难适应现在的工作环境，但当代人也难以适应18世纪的工作环境，那时对体力的要求更高，对知识储备的要求也更高（试想一下，你无法访问谷歌或维基百科时的无力感），同时人们忽视工作意义和目的的重要性。相比之下，在如今的就业市场，普通工作者寻求的不仅仅是一份工作，更是一个职业，他们很有可能因为工作和生活不能达到平衡，或者在工作中感受不到意义，而拒绝一份工作。

尽管我们习惯于遗忘过去，将目前的一切都视为前所未有，但今天我们所谈到的有关技术的一切，在过去也被谈及了成千上万次，即使是在技术还不怎么发达的时代。换句话说，我们习惯于把当前的情况视为全新的情况，即使情况并非如此。令人遗憾的是，由于我们未能审视过去，因此我们很难理解现在，更难预测未来：如果你不曾知晓自己从何而来，你也不会知晓自己该去向何处。

如今，我们生活在一个独特、复杂和充满挑战的时代——也许怀揣着这样一个想法能让我们自我感觉良好，但这也是一种自恋式的慰藉。特拉维斯综合征就特指这种认知偏差，用来描述我们高估当下相较于过去的重要性的倾向。

根据联合国的数据，如今全球有大约2.4亿名移民工作者，他们背井离乡，通过合法的或非法的途径去他国工作。这一数据尽管看起来很庞大，但在全球约40亿名劳动者当中，只占一小部分（不到1/10）。我们常常认为全球化是近些年才出现的事情，但其实它有着悠久的历史。在古希腊、美索不达米亚、埃及和罗马，人口大范围的迁徙已是寻常，更不用说8个世纪前成吉思汗将蒙古帝国扩展到了东亚、中亚和欧洲等地。这些地方的移民比例高于如今的大都市，而且移民环境也更不友好。此外，我们几乎可以确定，过去的国际化大都市肯定比现在的大都市——例如纽约、伦敦、香港——更具VUCA的特征，因为人们在路上耗费的时间更长，对未来会发生什么也更迷茫，成功的可能性也更低，更不用说他们的生存率还相当低。同样，相比于常春藤盟校毕业的学生，如今叙利亚难民的职业前景会更具VUCA的特征，但还是比两三个世纪前处于类似境况的人要好，尤其是如果他们接受过教育的话。

因此，随着技术的不断进步，我们生活的许多方面都变得更加简单和可预测，就像火车和汽车让我们的出行更加便捷、简单，这是以前通过马匹出行做不到的。我们现在可以提前通过网络了解产品、服务和人的相关信息。在体验之前，我们已经能够想象。

此外，我们只需要浏览几秒钟网页就能获得公开的知识。然而，用于追踪和预测个体及集体行为的数据是前所未有的。与几十年前的技术相比，如今所有这些系统无疑是复杂的，这也是它们简化了我们适应世界这一过程的原因。

作为谷歌的首席工程师，雷·库兹韦尔极为博学，他将技术视为人类进化的最终阶段。在他看来，我们已经达到了生物进化的极限，要想更进一步，我们只能通过融合，将我们和技术变成一个整体。[1]就像我们的先祖一样，他们通过操控火、使用战斗和狩猎工具以及发明轮子，来提高自己对世界的适应能力，从而实现了进化，数字技术也让我们比其他物种更为聪明，并能超越那些不能接触到这些技术（如高速的无线网络、互联网、计算机和智能手机）的同类。但这一切的关键原因在于，技术能让我们的生活变得更简单，因此我们可以在更少的投入下完成相同的任务，或者在付出相同的努力下实现更大的成就。简言之，只要我们能接触到技术，技术创新就能让我们变得更聪明或者至少更快。只有当我们突然不得不放弃技术时，世界的VUCA特征才会变得更加明显。当系统崩溃、计算机罢工时，我们才能体验到人类能力的极限，世界的VUCA特征才会凸显出来。

千禧一代的思维方式

虽然如今我们越来越多地依赖技术来适应世界，但工作的本质依然是人与人的互动，而非人与机器的互动，即使前者是由机器促成的。因此，当我们评估变化时，我们不能只聚焦于技术，还要关注人本身。要解决这个问题，我们需要考察人才的代际变化。也就是说，下一代员工和雇主是如何影响职场的？他们将如何互动？如何管理他们？如何吸引他们？他们又是如何管理和领导的？

如今，千禧一代正在成为全球各地最主要的劳动力，对千禧一代的讨论几乎随处可见。然而，大多数观点都是基于对 20 多岁或 30 多岁人群的直接观察得来的，而非通过对不同世代的人进行具有系统性和代表性的比较得来的。

代际变化比人们想象的要小。上一代人和下一代人，甚至好几代人之间的差异并没有那么大。毕竟人类的进化史已经超过了 200 万年，在这一维度下，100 年的时间跨度是相当微不足道的。从广义心理学的角度来看，我们的需求和行为始终是保持一致的，即使现在不再通过原始的狩猎采集仪式来表达，而是通过色拉布或领英这样的软件来表达。和睦相处、取得进步和寻求意义，始终主导着我们的人际交往策略，而无关采用的是何种交往方式。

考虑到这一点，令人惊讶的是，在过去的一个世纪里，心理学研究表明，人们的自恋态度和自恋价值观出现了显著的增长，对自恋的心理测量也可以证实这一点。作为一名社会心理学家，让·特温吉对该主题进行了大量的研究，[2] 其专著《自我的一代》在该主题上具有重要价值。千禧一代是迄今为止最为自恋的一代，在他们身上，以自我为中心和自我感觉高人一等的特质与行为表现得尤为突出。一项针对美国大学生的代表性研究估计，如今在20多岁的大学生当中，有高达15%的人满足自恋型人格障碍的标准或表现出明显的自恋特征。[3]虽然获得可靠的历史数据并不容易，但在几十年前，这一数据可能还不到5%。在20世纪50年代，只有12%的学生会将自己描述为“一个重要的人”，到20世纪80年代，这一数据已猛增至80%。此外，特温吉给出的数据还显示，从20世纪80年代到21世纪前几年，自恋人群的增幅更大，在女性中尤为如此，而一般来说，女性没有男性那么自恋。这也就是为什么如今一些权威的精神病学家主张重新将自恋定义为一种正常特质，而非精神障碍。[4]自恋特质在人群中不再罕见，因此你很难再将其视为一种临床或异常的个性特征。

尽管美国人比其他国家人更自恋——毕竟好莱坞、脸书、帕丽斯·希尔顿、坎耶·维斯特和金·卡戴珊都诞生在这个国家，但在其他国家，你也能发现特权感和自我中心特质的增长趋势。例如，一项针对中国人的大规模研究发现，千禧一代的自恋程度呈现代际上升趋势，这种上升趋势在更富裕、受教育程度更高人群及城市家庭中尤为明显。当然，这也可能是中国曾实施独生子女政策（大约在20世纪80年代实施）的结果，因为独生子女更容易被宠坏和以自我为中心。同样，信奉个人主义的国家的人通常比集体主义社会的人更具有自恋特征。[5]尽管如此，相比于前几代人，千禧一代普遍表现出更强的特权感，对他人不怎么感兴趣，且更容易被娇惯。[6]

更重要的是，在代际效应和同辈效应研究中，即使排除了年龄的影响，这些效应依然存在。换句话说，不仅仅是大学生或年轻人比更年长的人更自恋，各个年龄段的千禧一代整体上比前几代人在同年龄段时都更加自恋。[7]因此，问题的关键不在于讨论千禧一代是否更加自恋，而在于这一特点会给与工作相关的实践和人才管理带来什么影响。也就是说，主导这一时代的这代人普遍将自己视为天之骄子，这究竟意味着什么？

要回答这个问题，我们最好再回顾一下弗洛伊德的观点：人类普遍面临的一个挑战是，该如何平衡我们向前发展的自私欲望和与他人和谐相处的亲社会性欲望。[8]弗洛伊德认为，这种挑战对个人来说往往太过艰巨，因此人们需要领导力。也就是说，弗洛伊德认为，领导者的基本职责就是压制人们的个人主义和自我中心倾向，让人们能从追求个人利益转向追求和谐相处，并让人们明白，只有先学会和他人合作，才能实现自己的理想。这意味着，领导者在很大程度上负责抑制追随者或下属的自恋倾向，让他们更容易在团队中进行协作和合作。显然，如果一个人天生就比较自恋，那么要做到这一点就更不容易。领导一群自私自利的人——他们只为自己，专注于实现他们所认为的伟大，而无暇顾及他人——要比领导一群更无私且有奉献精神的人难得多。因此，自恋在代际中的增加将会损害我们团队合作的能力。因为人类文明的每一项重要成就都是团队努力的结果，所以一个自恋且盛行个人主义的社会的前景注定是黯淡的。

尽管如此，有三大关键能力能帮助我们减轻自恋在职场中的不利影响：

1. 自我认知，即将自己的声誉（他人如何看待我们）转化为自我认同（我们如何看待自己）的能力。

2. 好奇心，即将信息转化为知识的能力。

3. 创业精神，即将创造力转化为创新的能力。当这种精神出现在大型或传统组织内时，其被称为企业内创业精神。

自我认知：自恋狂傲的解药

自我认知被定义为明白他人如何看待自己的能力，这个能力一直都很重要，对领导者来说尤为如此。然而，在这个自我幻想和过度自信成为常态的世界，那些能明白自身局限性的人将拥有特别的优势。人们提升工作表现的唯一方法就是明白自己是如何影响他人的。领导者的行为会影响很多的人，因此自我认知对领导者非常重要。[9] 越是迷恋自我的人，就越不可能对反馈上心，因为一个人对自我的过度关注会分散他对实际表现的关注。[10]

因为管理者、千禧一代和男性更有可能表现出自恋倾向，且更容易高估自己的智力、创造力和领导潜力，[11] 所以致力于培养人才的干预措施必须能够帮助培训者更好地了解自己的局限性。

因此，审视现实是应对这种自恋狂傲的最好的解药，而自我认知正是审视现实的必备条件之一。研究表明，那些自我认知较强的领导者，也就是那些自我认知与他人对其认知（例如，在360度反馈评估中得出的结果）比较接近的领导者，往往更具有领导力。[12] 此外，那些更善于自我批评的领导者，在其同事和下属的眼中也更具有自我认知。[13] 当领导者缺乏自我认知时，他们的阴暗面倾向将变得更加有害和具有破坏性，因为他们无法识别和抑制这些倾向。[14]

对初级员工来说，情况也没有什么不同。元分析研究表明，员工对自我表现的评价往往和上级给出的评价差异很大，部分原因在于员工在评价自身表现时过于宽容。[15] 更糟糕的是，这种自大幻想往往具有欺骗性，其在公众场合表现出来的自信常常被误读为能力。相反，当人们会自我批评且能意识到自己的局限性时，他们都不太可能有意或无意地假装自己有能力。因此，自我意识不仅对个人有益，也对团队有益。员工的自我认知越强，他们就越能意识到自己的实际能力与期望能力之间的差距，而在缩小这些差距的过程中，他们发展出了真正的才能，而非自以为的才能，这一切对组织而言无疑是有益的。当然，自我认知并不一定会促进个人发展和才能提升。例如，对于那些自我批评太过的员工，意识到自己的局限性可能并不是一件好事，这可能会导致他们直接放弃。当然，很难想象任何有效的发展干预措施不是建立在自我认知之上的。需要明确的是，单凭自我认知可能并不足以提升自己的才能，但它是必不可少的。最近一项针对全球高管教练实践的调查发现，自我认知是首席执行官教练项目中最受追捧的能力（超过了人际交往能力、同理心和倾听能力）。[16]

好奇心：求知欲的重要性

有好奇心的人总是求知欲旺盛的。他们渴望知识，强烈希望缩小自己知道的与不知道的之间的鸿沟。[17]首先，这需要意识到自己的局限性和知识空白，这也就是心理学家所说的"元认知"（知道自己知道什么）。对有强烈好奇心的人来说，当他们感到自己有什么不懂时，他们会感到不安，这种不安会促使他们学习和获得新的知识。因此，好奇心包括识别知识空白并将信息转化为知识从而填补知识空白的能力。此外，有好奇心的人更有可能接触到挑战自己已有信念的新奇的信息或知识。也就是说，他们对新思想更开放，并且能质疑自己的信念。[18]这使得好奇心成为一种自我更新的品质：一方面，它驱使人们了解更多；另一方面，它也鼓励人们质疑已知，从而推动人们进一步探索。因此，很明显，好奇心是培养专长的重要驱动力，也是预测员工在岗及业余学习成效的关键指标。埃里克·施密特指出，谷歌招聘策略的一个关键点在于招募那些"学习型人才"。会计巨头安永公司的招聘官也表示："候选人要想脱颖而出，需要展示自己在专业领域的技术知识，同时还需要表现出探求深层问题的热情，这些问题将帮助客户解锁更深刻的见解和创新。”[19]

从进化论的角度来看，好奇心与优秀的适应能力有关，因为它加强了个体探索新环境的欲望，这使得好奇心强的人能比同龄人更快找到资源。从神经系统来看，好奇心与在新奇环境下的唤醒体验有关，当新奇的环境或事物变得熟悉时，人们会产生愉悦（解脱）感。[20]“好奇害死猫”的说法忽视了好奇心为生存和繁衍带来的好处。例如，相比于大多数的竞争对手，美洲黑熊之所以能存活下来，就是因为它们的好奇心更重。[21]

人类好奇心的由来与感知有关，对新奇刺激的偏好甚至在婴儿期便已在部分个体中显现。有些婴儿会对新奇刺激——如不熟悉的物品或陌生人——关注得更久，他们面对新奇事物会产生积极的心理联系。这些在婴儿期展露出的偏好使得一部分人在童年和成年后依然保持好奇心。[22]这解释了为什么好奇心强的人更愿意追求刺激，享受让肾上腺素飙升的时刻，并对无聊的敏感度更高。[23]相应地，脑成像研究表明，好奇心强的人在面对未知的知识时，会体验到一种心理上的兴奋。他们的大脑会变得非常兴奋，难以入眠，直到他们找到问题的答案。[24]换句话说，好奇心强的人对学习上瘾。

尽管长期以来心理学家都认为好奇心在儿童智力发展中起着关键作用，[25]但社会和教育往往会抑制我们的好奇心。事实上，成年人的智力发展在很大程度上是保守的，因为他们的目标是保存已知，并将很多事情视为理所应当。从这个意义上来说，一个具有好奇心的成年人是一个好奇心被幸运地保留下来的孩子。

在当代现实环境中，这一切显得尤为突出，因为当面对复杂和对智力要求高的问题时，人们需要拥有学习、适应和表现的能力。例如，研究表明，好奇心不仅能提升学生的学业表现，[26]还能通过提升搜寻信息的能力，帮助员工适应日新月异、变化无常的工作环境。[27]此外，一项调查表明，即使把人格和智力因素考虑在内，好奇心和工作表现也存在着正相关，这表明在通向职业成功的路上有独属于好奇心的路径，这是其他传统评估方式解释不了的。[28]

当组织雇用好奇心强的员工时，这意味着它们获得的是那些倾向于寻求挑战、对学习知识更有兴趣的员工。这种倾向不仅在学习和培养专长方面发挥着关键作用，还与更高的投入度及主观幸福感相关，因为好奇心强的人的内在动机也强，他们能够在复杂和具有挑战性的工作角色中找到意义。[29]

然而，虽然好奇心有诸多好处，但求知也需付出一定的代价，即更慢的决策速度。确实，找到快速解决问题的方案的能力是一种短期优势，但它会妨碍长期学习，因此在快速思考（不假思索）和深层探究之间存在着一种天然的矛盾。[30]在这个信息爆炸的世界，可能忽视信息和关注信息一样是优势。从这个意义上说，要想将信息转化为有价值的知识，可能需要我们抑制对空洞且无意义（但又令人上瘾）信息的渴望。

今天，我们不断被诱人的广告和故事轰炸，但它们并不能滋养我们渴求知识的头脑。虽然工作日晚上和周末在线阅读《每日邮报》或观看《卡戴珊家族》很有吸引力（流行文化和低俗电视节目比歌德和陀思妥耶夫斯基有更大的感官吸引力），但这些信息对好奇心的影响就如同精制糖和快餐对我们饮食的影响。我们的原始先祖并非生活在一个食物过剩的世界，他们整天忙个不停，为了生存，他们本能地最大限度地摄入热量，同时最小限度地消耗热量。尽管我们从他们身上继承了这种倾向，但在食物不再匮乏而我们行动受限的情况下，这种倾向便不再占优势。但自制力和意志力可以抵抗我们的本能，从而让我们保持健康。同样，通过将学习更多地聚焦在更有营养的内容上面，好奇心也可以帮助我们不再过度关注新奇、轰动性的信息。分心就像是心智的快餐。高等动物会在探索而非娱乐和放松上面花费更多的时间。[31] 充满好奇心的社会将超越其他社会，涉及复杂认知的工作则不太可能被自动化取代。

创业精神：组织增长的引擎

尽管大多数人将创业精神视为一种职业类别或工作状态（和那些创业或拥有企业的人有关），但理解创业精神更有效的方法是将其视为一系列的行为。即使这些行为是在其他人的组织中（而不是在自己创办的企业里）展现出来的，它们也是促进增长和创新的催化剂。正如专家所言："理解创业精神更好的方法是将其视为一系列相关活动，这些活动有助于推动增长和创新。因此，创业者就是那些参与了这些活动的人，而无关他们是否创办了自己的企业。"[32]

在未来，将会有越来越多的组织对具有创业精神的人才抛出橄榄枝。公司需要那些能产生创意，特别是能将创意转化为实际创新的人。这类人有时候被称为"企业内部创业者"，因为内部创业是创业精神在企业或组织层面的体现。[33]创业精神之所以受欢迎，有以下三大原因。

第一，那些组织机构意识到创新对实现长期的成功和生存至关重要。这一观点与一些人们耳熟能详的管理学名言呼应，比如"创新或灭亡"或"颠覆或被颠覆"。[34]换句话说，企业不可能长时间保持一成不变——它们要么前进，要么倒闭。因此，创新是实现增长和提高组织效率的关键引擎。公司需要不断找到更好的方法，以产出新的想法，提供更好的服务和产品，以及开发更有效的内部流程。

第二，它们意识到虽然创新会带来增长，但增长也会抑制创新。换句话说，随着公司越来越成功、规模越来越大，它们也会成为自身成功的牺牲者，将重心从颠覆、冒险及试验转变为维护、保守和官僚主义，即使是那些被誉为世界上最具创新性的公司也不例外。比如说，微软、亚马逊、谷歌、脸书和苹果在过去10多年中收购了数百家初创公司，因专注于企业管理，无暇进行创新。它们的主要战略是通过收购来进行创新，它们不仅能收购创新的产品与理念（并消灭潜在的竞争对手），还能吸纳新的创业人才。但不幸的是，大多数创始人往往难以适应收购方的企业文化，因此通常不久之后他们就会离开。

第三，它们意识到要预测未来关键岗位非常困难。事实上，对目前任何一家大型公司而言，找到推动增长和生产力的关键职位已然非常困难，预测未来 5 年甚至 10 年的情况更是天方夜谭。同样，创新从本质上来说就是不可预测的。那些新颖且实用的想法、产品和服务必须是难以预测的，甚至是不可能预测的，所有的创新都需要经过多次的尝试和实验才能成功，这是一个不断试错、拒绝和重复的过程。话虽如此，但我们可以把赌注押在某些人身上，赌他们未来会成为创新的关键驱动者。换句话说，虽然很难预测未来创造力的展现形式，但一些人比其他人更具有创造力。经过我们的研究[35]，我们总结了拥有高度创业精神的个体的 4 个关键特征。

- 创造力：产生新颖且实用想法的能力。与大众普遍的想法不同，创造性的想法并非随机事件或机缘巧合的产物，就像牛顿在打盹儿时被苹果砸中脑袋（从而发现万有引力）那样。相反，有创造力的人总是有很多想法，虽然大多数想法可能称不上原创或实用，但量变总会带来质变。[36]尽管创造力的实现取决于多种因素，但当个体拥有较高的智力和专业知识水平时，其更容易展现出创造力。此外，有创造力的人通常更乐于接受新的体验，这让他们不满足于现状。这就是他们为什么总会提出不同寻常的想法，即使这些想法听起来似乎非常荒谬和不恰当。特定领域的知识、不拘一格的态度、反常的行为和能力的结合，为创造性想法的产生提供了一个理想的环境。[37]

- 机会主义：发现市场空白并将事件解读为机会的潜力。这指的不是条件成熟、万事俱备的问题，而是对可能性保持开放和敏感的问题。一般来说，机会主义要求人们在某一特定领域有一定的专业知识，以及从略微不同的角度看待问题的能力。事实上，着眼于机会的人看到的世界往往是失真的，他们会带有一定程度的乐观偏见，换句话说，他们关注的可能只是潜在的回报，而忽略了暗中的风险。这种世界观使他们激发热情和兴奋，不过这些情绪持续不了多久，毕竟新的机会总会不断地出现，它们会和旧的机会相互竞争。从这个意义上说，机会主义者容易表现出对变革的偏爱，也就是相信新事物总是优于旧事物，所以新事物应该取代旧事物。[38]
- 主动性：跟进并让想法落地的能力。要想将一个创意落地，毅力、协调力、组织力和动力缺一不可。如今，组织面临的主要问题不是缺少想法，而是缺乏将这些想法转变为实际创新（例如产品、服务和解决方案）的机制（包括人员和团队)。因此，主动性强的个体会贯彻始终，在抗拒创新的大企业官僚主义和风险规避流程中开辟道路，最终找到突破口，从而促成事情的发生。

- 远见：了解全局、能找到长期战略或使命，并向他人推销愿景的能力。这是区分短暂创新和长期成功的关键素质。要想理解某事重要的原因，并能将原因解释给其他人听，从而争取他们的努力和支持，以服务于自己的创业冒险，领导者需要有远见。归根结底，大多数远见都与改变现状及世界的愿望有关，它们会转变成推动积极变化和进步的欲望。

关键在于，这一系列能力不仅适用于传统创业者，也适用于企业内部创业者。因此，无论是自主创业还是为他人工作，甚至在大型传统组织里，将个人创意转化为实质创新的特质都是一样的。未来，不仅仅是那些雄心勃勃的创新型初创公司，所有的组织都会把创业人才视为珍贵的资源。他们更能适应变化，并能将创意转化为创新的产品和服务，这将使他们成为实现增长和进步的关键驱动力量。此外，创业人才在发现并利用机会时，也缩小了供需之间的差距，让市场变得更加高效（例如优步、爱彼迎和网上订餐平台 OpenTable）。如果组织能吸引、识别并激励创业人才，并将他们转变为企业内部创业者，那么它们将更有可能实现创新和增长；如果做不到，它们可能会停滞不前，甚至逐渐消亡。

即使是非传统职业，例如自雇或所谓的共享和零工经济，创业精神也是成功的关键要素。当游戏规则不明确，成功的主要决定因素是利用和售卖机会的能力，以及贡献个人时间和才能的意愿时，人们必须表现得像一个创业者。因此，当决定与谁开展业务或进行贸易时，区分人才的一个关键点在于对方是否有贡献新想法和创造价值的能力。

识别未来人才的工具

还有一个可能的情况是，在未来，绝大多数劳动力（包括潜在的和实际的）都将拥有一个公开的个人档案，里面记录着关于他们才能、就业能力和职业成就的信息。随着更多的人的在线时间越来越长，使用的设备也越来越多，我们可以期待，未来将会出现新的人才信号（指标），这些信号可以被整合成一个强大而翔实的信誉评分，代表每个人的才能或潜力。我们可以用优步司机做个简单的类比。每位优步司机都有一个评分，这是他的所有乘客乘车后给他打的平均分值。这个评分是动态的，它会随着每位乘客的评分而更新。然而，一旦有足够多的乘客，比如说 50 或 100 名乘客给某位司机评了分，司机的评分变化就不大了。我们可以假设司机得到的评分就是乘客对他们才能的评价，因此我们可以依据他们得到的评分来预测他们的服务质量。现在，想象一下，全球每位工作者都有一个类似的评分，这些评分不仅来自他人的评价（例如，顾客评价、360度反馈评估、推荐人及领英上的认证），还包括对过去工作表现、心理测评成绩、职业成就甚至消费者偏好（例如，我们可以用他们在网飞上选择的电影或Spotify的播放列表来预测他们与特定组织文化的契合度，用他们在猫途鹰上的评论来推测他们的个性）的客观测量。虽然我们尚未实现这一点，但拼图的各个部分都已经存在，并且完成这一拼图的动机也很充分，因为将人与合适的职位和企业相匹配，无论是对招聘者、雇主还是对员工，都是有利的。

尽管科学有效的人才识别工具种类繁多，但在过去10多年里，前所未有的创新和突破性进展在这一领域涌现（见表7-1）。在这些全新的工具中，有不少被用于测评与人才直接相关的素质。即使这些工具还未大范围运用到人力资源或人才管理上面，但它们的潜力是毋庸置疑的。这些方法大多是数字革命和智能手机普及的结果。正如市场营销人员反复指出的，现在每天售出的苹果手机的数量超过了出生人口，并且这一差距还在扩大——苹果手机的销售数量将会持续上升，而生育率将会持续下降。这让人不禁猜测，这两者究竟存在什么样的因果关系（我们在苹果手机上花费的时间越多，我们与他人面对面交流的机会就越少）。

表 7–1　传统与新型人才识别工具的比较

评估的属性	传统工具	新型工具
人格特质、态度、价值观	自我报告	网络爬虫和社交媒体分析
过去的表现、当前的表现	传记式数据、上级评级	内部大数据和人才预测分析
智力、工作相关的知识、人格特质	智商测试、情境判断测试	游戏化评估工具
专长、社交技能、动机、智力	面试	数字面试和语音分析
经验、过去的表现、技能和资历	简历与履历	职业社交网络（领英）
工作表现、能力、声誉	360 度反馈评估	众包声誉/同事评分

因此，我们在网络上花费了大量的时间，并且与模拟世界不一样，数字世界记录了我们所有的行为，产生了前所未有的数据量。2013 年，国际商业机器公司估计，90%的数字数据都是在 2011—2012 年产生的。[39] 此外，在所有的照片当中，有 80%是在此前 12 个月内拍摄的（其中大多数可能是自拍）。正如《经济学人》所指出的：人们在视频网站优兔上观看《江南 Style》的总时长，足以建造 20 座帝国大厦。[40] 所有类似的行为都会在网络上留下痕迹，市场营销人员将此称为我们的“在线足迹”或“数字声誉”。围绕新人才信号的许多进展，都基于对这些“数字面包屑”或在线行为痕迹的观察。

被微软收购的领英就是一个很好的例子，它对人才识别行业自动化进行了最为明确的尝试。一方面，领英是简历和电话簿的现代版本，虽然在招聘中被广泛使用，但面试官大多还是依赖直觉来评判人才。另一方面，领英的某些功能，例如认证部分，已经被量化和标准化，因此也更容易进行系统和客观的分析。但问题在于，大多数的认证并不是很有参考性。认证他人的首要原因已变成希望他人也认证我们，其次是因为别人已经认证了我们，我们想要回敬他们的这份人情。在这一领域，更让人期待的是计算机生成算法，它能将个人信息和其他数字足迹转化为简单的声誉指标。

网络爬虫和社交媒体分析

想象一种方法，可以将某人的推特、脸书或领英的个人资料纳入他的人才评分当中，或吸纳任何可以用来量化其适配性、潜力或职位匹配度的信息，这种方法就是社交媒体分析法。对于这种人才识别工具，好几项科学研究都拿出了有力的证据，证明了它的有效性。特别是，米哈尔·科辛斯基及其剑桥大学的同事们，向我们展示了如何通过挖掘脸书上的点赞，也就是用户支持的脸书群组或页面，来了解一个人的心理特征。这是有道理的，因为脸书上的点赞相当于虚拟世界的身份声明，它们可以传达用户的价值观、态度和偏好，而这些都与更广泛的性格倾向相关，比如说人格。

其中一些关联是相当直观的。例如，智商较高的人点赞的往往是与科学、电影《教父》和莫扎特相关的内容，而智商较低的人点赞的往往是与哈雷·戴维森摩托或丝芙兰产品相关的内容。

还有一些关联则相当隐晦，例如，高智商用户的一个关键标志是点赞卷卷薯条！由于这一发现过于匪夷所思，大众媒体对此进行了铺天盖地的报道，这导致卷卷薯条的点赞量出现了激增（至少在脸书上是这样，幸而未弥漫到现实世界）。不幸的是，这一行为并没有让人们的智商分数出现系统性的提高。相反，随着越来越多智商分数较低的人开始点赞卷卷薯条，这一行为不再是高智商的标志。这告诉了我们机器算法的运作方式：它们是动态的而非静态的，随着生成更多更好的数据，它们可以进行调整和自动修正。

我们也可以通过一个人在脸书上的点赞来推断他的人格特质，如好奇心和对新鲜事物的开放程度。例如，一个保持开放心态且好奇心强的人会点赞那些与知识分子和哲学家——例如柏拉图和奥斯卡·王尔德相关的内容，而那些好奇心和开放性得分较低的人会点赞美国纳斯卡汽车竞赛、俄克拉荷马州立大学以及“我不读书”的脸书群组——该群组的成员不仅讨厌书籍，还以此为傲。

总体而言，在测量人格和智力分数的科学手段中，有一半的变量可以通过观察一个人在网络上留下的点赞来进行预测（假设他们的个人主页里有足够多的点赞数，当然，我们也可以推测，缺乏点赞也反映了某种人格特质）。相比于传统的心理测试，社交媒体分析法的实施速度更快，应用范围更广，考虑到这一点，其结果的相对准确程度让人印象深刻。毕竟，机器算法在估算人们的人格得分方面比人更加准确。[41]

社交媒体分析还可以用于挖掘非结构化数据，例如自由文本。通过使用不同的语言处理工具，我们可以观察到某些词语在多大程度上反映了不同的人格特质，并找出那些有才华（和没才华）的人通常使用的字眼。科学家分析了博客中博主最常使用的词语与其人格的关系。[42] 例如，神经质的人常常会说“糟糕”、“可怕”和“沮丧”，外向的人常常会谈论“酒吧”、“饮料”和“迈阿密”，和善的人常常会说“拥抱”、“早晨”和“团结”，不和善的人常会谈论色情并咒骂他人，有责任心的人常常把“完成”事情挂在嘴边——这正是责任心体现出的强迫性特征！好奇的人常常谈论“诗歌”、“艺术”和“叙事”——当你想要给人留下深刻印象时，这些字眼总能派上用场。尽管特定词语和人格之间的个体相关性通常较低，但当它们结合在一起时，就具有了一定的预测性，你可以把每个词看成心理测评中一个独立的问题。

但是，这种方法是否已经得到实施，或者被用来设计新的人才识别工具，抑或还停留在学术研究的阶段？虽然问题的答案更接近于最后一个，但已经有工具能将开放文本转化为人格特质并进行预测，其中包括国际商业机器公司推出的沃森个性分析引擎。[43] 这个引擎公开可用且免费，你只需要复制一段文本并粘贴到引擎里，它就会生成一份关于文本作者人格的详细报告。类似的技术还被运用到了一些可以将电子邮件内容转化为对个性属性的应用程序中。最引人注意的是，Crystalknows.com平台使用机器学习算法来推断邮件发件人的个性，甚至提供撰写符合收件人个性的电子邮件的建议。比如说，如果收件人非常急躁和冲动，它会建议你保持电子邮件简短并直切主题；如果收件人非常勤勉认真，它会建议你检查一下电子邮件里的拼写错误，并提供更多的详细信息。在未来，组织可能会用类似工具抓取员工的电子邮件的内容，并尝试以此来评估他们在某个职位上的才能或潜力。尽管这可能会引起一些隐私或匿名方面的担忧，但如果能带来更公平的结果，能帮助人们做出更好的决策和更客观的才能评估，员工可能会被它的好处说服。更不用说这种方法已经在程序化营销中得到了应用，它们通过处理来自免费电子邮件供应商的搜索和电子邮件数据向用户推送目标广告。

内部大数据和人才预测分析

另一个用于人才识别的新技术与内部大数据（组织内部的数据）有关。通过使用这些数据，我们能从现有的组织绩效指标中识别人才的关键标志。想象一下，公司里开始采用一些自我量化的应用程序，例如Fitbit手环或苹果手表，用来监测员工的投入度或生产水平，或者用算法来监控电子邮件的内容和背景：员工给谁发了电子邮件，他们又谈了什么。这一方法基于一个非常古老的科学原则，即过去的表现是预测未来行为的良好指标。因此，如果你能搞清楚人们过去的工作表现，你就能预测他们未来的行为。当预测能够将个体层面和群体层面的变量联系到一起时，它们将变得尤为有用。例如，大数据可以将实时的个人销售业绩与客服反馈或组织营收联系起来，或者用来研究员工投入度和整体生产力水平之间的关系。通过这种方式，组织能够识别出那些潜力巨大却默默无闻的员工，特别是在主观绩效评估失效的情况下。

职业运动领域应用内部大数据较为成功。2011 年的电影《点球成金》改编自真实的事件，讲述了棒球经理比利·比恩在花费很少的情况下克服了所有困难，带领一支规模很小且前景黯淡的球队创下 20 场连胜的纪录。比恩的撒手锏是聘请一名数据科学家，让他对球员的表现进行大量的数据分析，从而避免了依靠直觉做出任何转会和球队选择决策。同样，许多知名的运动队伍正在利用内部大数据来进行问题诊断和做出管理决策，通过将数千名球员的行为与个人和团队的表现指标联系起来，不仅可以预测球员未来的表现，还能预测他们的伤病以及行为问题。例如，意大利顶级足球俱乐部AC米兰，据说为每位球员收集了 60 000 个数据点。[44] 虽然人类无法从如此庞大的数据库中得出直接的结论，但算法可以识别成功与失败的关键诱发因素，从而让球队经理能更加得心应手地组建表现优秀的团队。

同样，内部大数据可以揭示为组织带来积极结果的隐藏动力。例如，物流和运输公司可以检查送货卡车的车载计算机数据，从而监控驾驶员的行为。数据的快速传送和分析不仅能提升个人或组织的效率，还能为员工提供客观且及时的表现反馈。例如，通过仪表盘或手机应用程序，员工每隔一个小时就可以接收到关于他们关键表现指标（如错误率、收入、通话完成率或客户转化率）的评分。[45]

收集内部大数据的一种常见方法是使用社交计量徽章。社交计量徽章上的传感器可以追踪员工的工作行为，特别是与他人互动的频率和持续时间。这项技术由麻省理工学院的研究人员首创，可以用来绘制组织生活的动态。例如，数据可以揭示不同员工之间的联系、员工人际关系的广度和密度、员工寻求建议或闲聊的地点，以及想法和信息在组织内的传播方式。由此，管理者能够评估非正式团队的有效性，并识别出人际关系网络中处于中心节点的人。这些人很有可能和同事有更强的联系，因此对组织更有价值。我们可以把智能手表或智能手机视为数字时代的社交计量徽章，因此，无论是否在工作，大多数人实际上都在被追踪。就像这些设备每天都会计算你走了多少步一样，不同的应用程序可以被用来绘制你的人际关系网络图，其应用并非局限于职场。

收集组织内部大数据的另一种新兴方法是开源反馈评分。其中最为流行的就是招聘网站Glassdoor，这个网站就是职场版的猫途鹰网。该网站允许员工对他们的工作、工作经历和组织，以及他们的经理和领导者进行评分。这些评分虽然是匿名的，但每个人都可见，这能让雇主和求职者了解组织的文化，包括不同工作环境的利与弊。这些众包数据可以凸显员工工作经历和组织效能之间的重要联系。此外，该网站提供了一种最为简单、快捷的衡量领导者整体表现的方式，即对比不同时间段的评分，或与竞争对手的评分进行比较。一些大型公司，例如亚马逊，已经在公司内部采用了类似的做法。具体来说，亚马逊鼓励每位员工和经理在反馈收集处（运作方式与产品评价反馈类似）用匿名的形式留下他们与其他员工或经理的互动反馈。虽然这个过程将反馈推向了一个极端且相当耗时，但它为实时且持续地收集员工工作表现数据提供了一条明确的路径，代表了一种用来替代过时的年度绩效评估的新方案。

数字面试和语音分析

人才识别工具的另一个创新领域是数字面试和语音分析。传统面试仍然是最常见的评估人才适配性和识别人才的方式，但数字面试和语音分析展现出了颠覆传统求职面试的巨大潜力。虽然很难估算每年会有多少次面试，但可以肯定的是，任何职位都离不开某种形式的面试。由此可见，这个市场是非常庞大的。但问题在于，技术能否使面试变得更经济、更快速、更高效或更准确？

对于此类问题，至少部分问题的答案是肯定的。尽管在准确性方面仍然存在争议，但毫无疑问，新技术使面试过程更加标准化和规范化，从而使其更具成本效益、更便宜。例如，像HireVue这样的数字面试供应商，会从20分钟的视频面试中提取约8 000万个数据点，并将这些数据与表现或有效的人格变量关联起来，从而从面试中推断出相关的人才信号。数字面试可以消除人为判断的干扰，杜绝了人们依赖直觉去判断面试者潜力的做法。由于结构化面试能够推断出与面试者才能相关的人格特质，[46] 因此我们可以期待机器学习算法能够在视频录制的面试中捕捉到相关的人才信号。正如控制论之父和人工智能先驱诺伯特·维纳所指出的："如果我们能以清晰易懂的方式去做一件事，那么我们就可以用机器来完成这件事。"[47] 此外，当判断面试者的潜力时，把机器和人工结合起来显然是可行的，这些相互独立的预测手段在对未来结果进行预测时，可能会产生加性效应。

另一种基于类似方法的选择是语音分析。公司可以在忽视信息的实际内容的前提下，将声音的某些特性转化为个性、能力和未来表现的标志。尽管通常我们相信每个人的声音都是独一无二的，但一些语音分析工具（如Jobaline）往往基于一个相当不同寻常的前提：不要试图靠声音来探测候选人的人格、智力或情绪状态，而要预测"该声音对听众产生的影响"。[48] 换句话说，在一个针对声音的选美比赛中，算法充当了一个机械评委。理想的声音将被邀请进入下一轮，交由人类进行评判，而不理想的声音会被淘汰出局。尽管这听起来可能不太公平，但需要注意的是，算法仅仅是在预测人类评委可能做出的决定。换句话说，算法只是在反映并预测人类会做出的决策，尽管这种决策往往是无意识的。我们常常批判计算机充满了偏见，但它只是在复制我们的偏见，而我们往往对这一点视而不见！

客服公司可以通过挖掘实时的电子邮件和电话交流来评估交

易的质量和效率。语音分析软件的进步甚至能让公司检测到客服代理的情感水平和类型，由此分析对客户的影响，而无须考虑对话的具体内容。

在我们利用技术来发掘高潜力员工的路上，尽管语音分析技术代表了一个光明的开端，但也只是一个开端，我们仍然有许多问题需要回答。在能够准确理解一个人的声音对组织效能产生何种影响，以及是否比其他属性更有优势之前，我们最多可应将语音分析视为一个有趣的实验。

游戏化评估工具

人才识别工具的最后一个创新领域是游戏化。游戏化是指将电子游戏的一些特点融入其他领域（如心理评估和人员选拔），从而让枯燥的事情变得更有趣或更像游戏。[49] 在此背景下，游戏化试图通过缩短评估流程或用“趣味式”的评估工具来改善面试体验。在人才识别行业，传统评估工具通常用在那些受到外部动机驱动的候选人身上。通常，大多数被评估者只关心结果，也就是能不能获得工作，因此大多数雇主并不在乎求职者在面试过程中愉不愉快。然而，如果人才识别工具能够变得更有趣、更能吸引求职者，组织甚至可能在求职者申请工作之前就完成对他们的评估。招聘前市场是游戏化评估工具的主要应用领域。

在大众市场，第一个游戏化的实例可能是任天堂的《脑锻炼》游戏，它成功地将一些典型的智商测试游戏化。尽管该游戏所宣称的锻炼大脑的好处——例如改善认知表现、提高智力得分和增强注意力——备受争议，但该游戏还是在日本的通勤族中迅速走红，并随着任天堂DS主机的发布在全球市场取得了成功。随着智能手机的出现，智力测试游戏化有了更新的版本，那就是应用程序Lumosity。它为商业和消费者市场提供了大量游戏化的脑筋急转弯。与任天堂的《脑锻炼》一样，Lumosity的重点在于发展智力而非识别高智商人群，但在该游戏上表现出色的玩家通常被认为智商较高，因此我们可以猜测，部分玩家会在线上发布自己的成绩，以便让招聘人员和雇主能够看到这些信息。另一家公司Pymetrics对神经心理测试进行了游戏化，这些测试主要评估用户的基本认知、情感和人际交往能力。通过把机器学习算法应用到游戏中来评估玩家的表现，Pymetrics为用户创建了个性化的职业档案，并可以将其提供给公司和招聘人员。Pymetrics已经评估了超过10万名求职者，并且其服务的组织也越来越多，其中包括富达公司和安海斯-布希公司。

其他将人才识别工具游戏化的尝试集中在一些特定的职业领域，例如信息技术行业。HackerRank就提供了一系列可以用来评估软件工程师的编程技能的游戏。一些游戏要求候选人编写代码，随后由网站的算法对其进行评分。这使得雇主能够根据候选人的专长对其进行排名，而无须进行额外的测试。另一个用游戏化评估来识别人才的公司是HR Avatar，该公司通过互动工作模拟来评估候选人是否拥有符合销售和客服岗位的人格特质。与大多数游戏化的人格评估一样，HR Avatar模拟的本质是情境判断测试。候选人会面临不同的场景，需要在有限的决策中做出选择，并且每个决策都与不同的人格特质相关联。例如，一个场景可能要求候选人扮演酒店经理，回应客人的投诉。如果候选人能很好地处理这些投诉，说明其可能具有较高水平的宜人性，这也许反映了他们较强的用户导向思维以及在该职位上的潜力。

更复杂的游戏化评估版本包括第一人称视角的互动电影。例如，我为全球消费品公司利洁时设计了游戏《疯狂驱动者》，候选人沉浸其中，需要在压力下做出决策，在取得进展与融洽相处之间找到平衡。[51] 候选人的选择不仅反映了他们的人格特质，还反映了他们的价值观，这使公司能够评估他们和公司的契合度。经过科学论证，目前市面上最全面的游戏化评估手段可能就是红牛公司的Wingfinder游戏，它能通过图片式人格测试和快速的逻辑推理测验，来帮助候选人识别自己与职业相关的天赋。该测试会基于RAW三大要素来评估人才，并为候选人免费提供关于他们工作潜力和职业优势的报告。

一场革命

虽然现在评估这些新的人才识别工具是否准确和实用还为时尚早，毕竟相关的学术研究也才刚刚起步，但我们可以预测，这些方法将在推动人才识别行业发展方面展现出巨大的价值。毕竟，许多的新方法都是由初创公司和“新玩家”推出的，它们正试图颠覆这一行业。目前，关键的问题在于，这些新的工具能否有效捕捉到相关的人才信号；如果能，那捕捉到的是全新的人才信号，还是仅仅代表了捕捉传统人才信号的新方式，就像前文谈到的RAW三大人才要素。

目前，新工具层出不穷，但大多可以归入上述4类，即网络爬虫和社交媒体分析，内部大数据和人才预测分析，游戏化评估工具，以及数字面试和语音分析。在学界证明这些工具的准确性之前（特别是要经过同行评审，证明它们和既有工具一样有效或更能预测候选人的工作表现），我们需要注意，准确性并非组织唯一关心的事情。事实上，许多公司和人才管理顾问似乎并不关心准确性，这也解释了为什么迈尔斯–布里格斯人格类型测验是全球使用最广泛的评估工具。

此外，人才管理从业者即使声称他们重视准确性，往往也无法有效评估这一点，特别是当他们想通过科学求证时，他们会发现很难找到相关的研究，而且研究内容也非常艰涩难懂。再者，大多数人力资源从业者和人才管理经理关注的是表面效度，也就是结果或测评是否符合他们的直觉。换句话说，被测评为人才的人是否符合人才的一般定义？当然，正如你所预料到的，常识既不准确也不能代表所有。也许这也解释了，当谈到测评工具时，为什么从业者和科学家的推荐往往存在很大的分歧。

值得注意的是，即使一个工具是准确的，也有其他因素需要考虑，例如成本。通常，组织会选择那些准确性较低但更便宜的人才识别工具。但这其实是不划算的，因为如果能找到更合适的候选人，更高的投资回报将抵消高出的那一部分价格。另一个常被考虑的因素是用户体验，即从候选人或被测试者的角度来评判工具的适宜性。这正是许多游戏化评估工具的优势，因为即使它们的准确性存疑或尚未得到证明，组织也越来越倾向于选择那些更简短、更有趣且对候选人来说不那么烦琐的工具。需要指出的是，即使牺牲了一定的准确性，这种方法也会带来一些优势：如果增强工具的吸引力能够招来更多的候选人，那么候选人的增加将会抵消准确性下降带来的负面影响。比如说，如果你所在的公司有 1 万名候选人，而评估工具的准确率为 60%，那么相比于工具准确率为 75%但候选人只有 50 人的公司，你们依然能找到更多合适的人才。因此，准确性和用户体验之间存在一种天然的矛盾：有趣的东西往往准确性较低，但它们能吸引到更多的候选人；准确的东西通常需要被测试者投入更多的精力，因此通常不那么受欢迎。为了改善用户体验，同时提高或至少维持准确性，成本就会提高。

最后，当评估传统和新型人才识别工具的潜在优缺点时，必须考虑到法律限制、匿名性和伦理问题。一些工具可能相当准确、成本低廉，并且用户体验良好，特别是候选人无须做任何事情，这些工具就能完成对他们的评估，比如基于脸书的算法就是这种工具。但这些方法在伦理、法律和侵犯性方面存在多大的问题？在任何科学领域，科学发现与不道德应用之间一直存在着矛盾。目前，伦理似乎正在限制新技术的应用：我们能知道和我们应该知道之间存在着明显的差距，而技术正在不断扩大这一差距。

毫无疑问，新型人才识别工具有巨大的潜力，最根本的原因在于它们有望对更大比例的劳动力进行评估。目前，商业评估工具的市场正在不断扩大，但远远不能满足人们的需求。每年在人力资源或人才管理方面大约有 4 000 万次评估（不仅包括人才识别，还包括人才发展），然而全球大约有 40 亿劳动人口。因此，还有 99% 的潜在人才池可以挖掘，该群体中的大多数将在未来某一天接受某种形式的考察，尤其是工作面试。然而，评判他们才能的机制和决定他们未来职业的决策相当不正式且业余。结果就是，大量的人选择了不合适的工作或职业，这导致他们工作表现不佳，对工作投入度不够，没有归属感，并对经济生产力造成了巨大的损失。当今世界上，几乎有一半的人可以上网，智能手机的销量也在不断上涨，网络延伸到了越来越偏远的地方，因此数字人才工具的潜在价值不应被低估。但在这一潜力转化为实际进展和现实之前，我们应把重点放在提高新工具的准确性上，并解决涉及的伦理和成本问题。当这一愿景实现时，无论组织身在何处，它都能更广泛地招徕人才，就像社交媒体能让我们接触到更多的人，互联网能让我们更快速、更广泛地获取信息，虽然这并不意味着我们会自动变聪明。

本章中谈到的新方法和新的人才信号很多都已出现，并且可能会持续存在。对普通的人力资源从业者来说，这些方法可能有些前卫，但如今被广泛接受的事物过去都曾被视为奇思妙想或认为不太可能出现。威廉·吉布森在1982年创造了“赛博空间”这个词，用他的话来说“未来已经抵达，只是分配不均”。因此，现在听起来像科幻小说里才有的事物，也许明天就会变成现实。

我们可以从零售和商贸的角度来看待这个问题：在世界上绝大多数地方，现实世界的许多特征都已经被数字化和量化。当我们来到一个新的地方时，我们只需要查看手机上的评分就能了解当地的商店、餐厅或酒吧的口碑。我们唯一需要做的就是连上网络。也许在未来，相同的情况也会落在人的身上。想象一下，当你走在牛津街、香榭丽舍大街或第五大道上，你可以了解周围人的声誉评级，知晓他们的音乐偏好、工作经历或实时的想法和情绪，当然前提是他们愿意分享这些信息（现在大多数人都会在网上分享这些信息，即使面对的是陌生人）。在技术和创新方面，约会软件领域比人力资源及人才工具领域做得更好。目前，在可穿戴技术的支持下，已有应用程序支持查询某人的历史约会记录，包括之前的约会评分和评价。你可以一边和他人互动，一边查阅他的历史。相似的技术还被用于工作面试、社交活动或与陌生人初次打交道的时候。

如果这些技术能够发展并被采用，最终我们将进入一个大多数人已被评估的世界，因此他们也不再需要完成额外的人才识别评估。这意味着，人才市场也会变得和优步或Tinder一样，你只需要掏出手机就能确定你想要的人才。但关键在于，我们必须有可靠的标准，以便准确评估人才库中的每个个体：声誉评分是独立且不可操控的，能为雇主提供相对准确性，以确保他们将要雇用的人员能够胜任未来的工作。换句话说，这是一个准确的人才信号。在低级职位上，这种情况已经发生。像Fiverr、Upwork和亚马逊土耳其机器人这样的公司实际上就是工作和零工市场上的易贝。但问题依然在于，是否可以用相同的方法和工具来招聘站在人才金字塔顶端的高素质人才或领导角色。招聘一名优秀的领导者是否会像在亚马逊上买一本书那样简单？

第八章
思　考

我会用本章作为收尾。本书想要传达的主要观点是，尽管我们生活在一个人才辈出的时代，但在人才管理方面我们仍有很大的进步空间。正如本章所示，人才管理面临的一个问题在于，我们习惯于高估自己对人才的了解——至少可以说，这种错觉是有问题的。此外，在大多数领域，人们也倾向于高估自己的才能。因此，组织的目标就变得显而易见：在竞争对手动手之前，去发现、吸引并留住人才，就像巴塞罗那足球俱乐部对阿根廷球星利昂内尔·梅西所做的那样。组织最重要的目标不是让员工开心，而是让他们能够超越自己的期望，去实现伟大的成就。

* * *

对人才的聚焦是一把双刃剑。一方面，令人欣慰的是，包括人力资源专业人士和组织决策者在内的许多人似乎都认识到了人才的价值，这一点在商业世界尤为突出。例如，许多大型组织估计，它们的最佳员工要比一般的员工多产出至少 50%。[1] 另一方面，这也催生出了无数业余和荒诞的观点，现在似乎每个人都有自己的人才理念，然而很少有人能全方位地理解人才。如果每个人都能意识到人才管理也是一门科学，那么人们也不会急着去重新定义它、随意处置它或提出自己的理念。

因此，有评论指出："商业领袖或作家怎样去定义人才，人才就是怎样的。"[2]（这呼应了刘易斯·卡罗尔笔下的蛋头先生所说的："当我使用一个词时，它的意思就是我选择让它表达的那个意思——不多也不少。）此外，一项调查显示，波音、大通曼哈顿、戴尔、礼来制药、惠普、美国西南航空和太阳微系统公司等 13 家跨国公司对"人才"的定义都不相同。[3]

也许因为人才问题是关于人的问题，而大多数人尤其是人力资源专业人士和管理者花费大量的时间和人打交道，所以很容易掉入陷阱，认为自己是处理人才事务的专家。这与外行人认为自己是心理学专家并无不同——毕竟，心理学探讨的是人类的行为，而他们随时都能观察到这些行为。然而，人类行为和人才管理都是有科学依据的，就像天体物理学或埃及学一样。虽然相比于天体物理学或埃及学，普通人可能对人了解得更多，但他们的了解都是基于直觉的，是不够准确的，不能替代有理有据的见解。

不幸的是，人才管理行业有太多冒充内行的人。他们对自己的无知了解得越少，似乎就越能说服他人。同时，人才管理行业也缺少质量保证机制或准入门槛。在这一方面，杰弗瑞·菲佛指出，如今的领导力发展行业类似于还没有形成科学体系时的医学，那时，各种从业者（例如，灵性疗愈师、顺势疗法医生）处在一个不受监管的世界，没有任何既定的范式可以去遵循。这一结论适用于整个人才管理领域。每一位在学术和科学上有所建树的作者，似乎都可以自称专家、导师和思想领袖。而问题不仅在于他们的建议会适得其反，而且在大多数潜在的客户和公众看来，这些建议似乎都是符合直觉的。对此，学术界的回应往往保持着高度的统一：将他们的科学研究变得更加复杂、抽象，从而让普通从业者更加难以理解。

为了解决这一领域存在的概念混乱和思维混乱问题，至关重要的就是退后一步，去尝试回答关于人才最基本的一个问题：人才究竟指的是什么？在这本书中，我给人才下了 4 个简单的定义，这些定义可以成为最直接的指南，用于初步判断一个人的才能并指导后续的测评。当我们想知道某些人有没有才能时，我们可以把这一定义转化为 4 个关键的问题。

1. 这些人是否属于“关键少数”，是否能为组织贡献不成比例的价值？这个问题和帕累托法则有关，即使答案是肯定的，我们也需要确认，与竞争对手——特别是那些表现更为优越的公司——的员工相比，他们是否还能算得上“关键少数”？
2. 如果第一个问题的答案是否定的，那么假设他们能发挥出最佳水平，他们是否就能成为对手公司的员工？这个问题实际上考察了最佳表现和不费力表现的关系。如果一个人的平均产出不能代表他的潜力，或者说他发挥得不够理想，但如果阻碍他成为关键少数的因素只有动机，他也可以被视为人才。
3. 如果第二个问题的答案依然是否定的，那么他们所处的岗位是否合适？换句话说，如果在其他岗位或环境下，他们表现得会不会更好，与他们的个性是否更加贴合？这个问题涉及契合生存环境的个性法则，很少有人在各个领域都能发光发亮，才能永远都是个人特质与任务要求相契合的产物。
4. 最后，这些人是否对自己的才能有所了解，他们是高估还是低估了自己的才能？因为自我评估能力也是才能的一部分，所以随着自我认知的提高，人们的才能也会得到提升。

寻找梅西

为了说明如何运用这4个定义来评估某人的才能，我们不妨将利昂内尔·梅西作为案例。人们普遍认为梅西是当代甚至是史上最优秀的足球运动员。尽管梅西的队友——内马尔、安德雷斯·伊涅斯塔、路易斯·苏亚雷斯——个个都是世界足坛的顶尖球员，但梅西始终是巴塞罗那球队中在进球、助攻和夺取胜利方面最关键的贡献者。在这些关键数据上，他个人占据了其中约50%的数据。此外，梅西打破了巴塞罗那足球俱乐部的所有个人历史纪录。近年来的巴塞罗那足球俱乐部可能是有史以来最好的球队，不少专家将其称为“梅西依赖”。梅西最佳的状态是怎样的？他是史上唯一一位8次获得世界最佳球员奖的球员，也是在欧洲冠军联赛（世界上最负盛名的俱乐部赛事）单赛季和“西班牙国家德比”（巴塞罗那对阵皇家马德里）的比赛中进球和助攻最多的球员，并且贡献了许多历史上最为精彩的进球。因此，梅西的最佳表现是无与伦比的，考虑到他展现出最佳水平的频率，他的最佳表现几乎可以和他的日常表现画等号。此外，梅西展现才华时显得毫不费力，他让事情看起来非常简单，即使没有太使劲，他的才华也展露无遗。然而，与联赛的成绩相比，梅西在阿根廷国家队的成就就稍显逊色。显然，相比于阿根廷国家队，梅西的风格、个性和技能与巴塞罗那足球俱乐部更为贴合，这也就是为什么他在阿根廷国家队里的表现没那么突出，而在巴塞罗那足球俱乐部的表现堪称伟大。

以巴塞罗那足球俱乐部为例，该俱乐部在梅西 13 岁时将他招入青训营，与大多数组织一样，其希望在挖掘人才方面能走在竞争对手前面。但需要注意的是，即使是那些最杰出和最有才华的个体，早期展现出来的才能依然只能算作未经开发的潜力。虽然人们通常认为，即使没有接受过训练，人才也能在某些事情上表现得很好，[4]但事实是，人才即使在某一方面展现出了卓越的潜力，其才能也早早地显露了出来，但也必须经过开发才能展现出充分的潜力。因此，教练、训练和丰富的环境历练是才能发展的重要催化剂。根据本书谈及的发现，可以总结出 4 个关于组织发展人才的主要观点。

1. 人可能会改变，但不要指望会发生奇迹：尽管人们习惯为每个问题找一个标准答案，但心理问题往往都很复杂，对于人是否会改变这个问题，要想给出正确答案并不容易。显然，想要改变自己的行为，有意识的决策和深思熟虑的选择是相当关键的，特别是在高风险情景中。同时，大多数成年人的行为模式都是相对稳定的，因此当你足够了解一个人的过去时，你就能预测他的行为模式。特别值得注意的是，人们个性差异的主要标志以及决定才能的关键因素就是人格、智力和价值观，而自成年早期开始，这些特质便变得相当稳定。要想让这些特质发生重大的改变是有可能的，但概率极低，特别是当这种改变与一个人的天性相悖时（例如，让一个没有创造力的人变得有创造力，让一个内向的人变得外向，让一个愚笨的人变得聪明）。即便这种小概率事件真的发生，通常也会让当事人感受到极大的环境压力，例如接受教练法的训练。

2. 人不会成长，除非你帮助他们：大多数人只有在获得帮助时才会成长，主要原因是他们天生缺乏自我认知。因此，除非你帮助他们，否则他们可能意识不到自己哪方面需要改变，又或是如何去改变。教练法干预的方式多种多样，但要想产生显著的变化，需要经常对学员的表现和潜力给出准确的反馈，这有利于提高他们的自我认知。提高一个人的自我认知可能并不会带来后续的变化，但一个人在具备自我认知之前，是无法产生积极的变化的。此外，维持变化比产生变化更难，因此发展性干预面临的最主要的挑战是如何对人们的行为产生持久的影响。如果能做到这一点，个人在职场的声誉将会提高，他们也会变得更有效率。然而，个人的高效率并不一定会转化为组织的利益，因此有必要将个体改进的目标和组织的发展联系起来。
3. 改变干预帮助的往往是那些最不需要帮助的人：决定教练干预效果的一个关键因素是，学员是否对改变真正有兴趣。对那些无意改变的个体进行发展干预的效果往往不佳，但令人遗憾的是，恰恰是这些人最需要得到教练的帮助。实际上，对任何教练干预来说，那些不关心自己是否会对他人造成影响、对自己的能力有误解或者不承认自己有不良习惯和缺陷的人才是理想客户，因为这些客户的进步空间更大，由此得到的收益也最多。然而，这些人通常对教练法持怀疑态度，并抵触大部分的改变干预，这让最优秀的教练也无计可施。有一句话说得好，我们不能“牛不喝水强按头”。相反，那些积极报名参加培训、学习和发展项目，并对教练项目做出积极反应的人，其原本的自我认知、对反馈的接受能力和人际交往能力可能就很出色。他们是最佳学员，但对教练干预的需求也最少。

4. 可教性是人才的关键要素：虽然人才在某种程度上是培养出来的，但有些人比其他人更愿意接受培养并最终受益。换句话说，有些人在发展才能方面更有天分，因为他们的可教性更高。他们更愿意聚焦错误并从中汲取教训，他们对负面反馈的接受度更高，而且不太会把自己的错误归咎于别人。此外，最重要的是，他们不会过于自信或自满，他们渴望不断地成长和发展。因此，可教性是实现才能自我复制的关键品质，是才能的关键组成部分。这就是为什么才能就像其他领域的事物一样，富者越富，贫者越贫。

同样值得注意的是，即使缺少正式的教练干预，教练法的一些关键功能也有可能奏效。最明显的是，正式和非正式的指导可以解决教练法所涉及的一些问题，尽管指导的重点目标往往更加多元，并非以提升表现为第一要义。此外，导师通常是组织里经验丰富的成员，主要帮助资历较浅的同事，同时，他们的指导方式的结构化特征更弱，但持续时间更长。

大多数人往往高估了自己的才华

真理就像诗歌，
但大多数人都讨厌诗歌。

——《大空头》

正如前文所述，定义人才的方式主要有 4 种：关键少数法则、最佳表现法则、不费力表现法则和契合生存环境的个性法则。然而，即使人们认可了这些法则，也不意味着他们能更好地量化自己的才能。产生这一问题的主要原因来自所谓的自我夸奖或虚假的优越性偏见。换句话说，大多数人在评估自己的才能时过于乐观，他们往往高估了自己的才华。

大多数人都是普通人，但我们总会认为自己是例外。通常对人们来说，相比于与众不同（或离经叛道），承认自己资质平平更具侮辱性。人们之所以宁愿被视为不正常，也不愿被视为普通，主要是因为独一无二的感觉能带来自恋式的满足感。这一现象在西方或个人主义社会尤为普遍，在东方或集体主义社会则比较少见，但如今世界上大多数地区都受到了美国个人主义（消费主义）的侵蚀。金·卡戴珊在他国的影响力不逊于其在美国的影响力，而用不了多久，民俗文化将催生出下一个偶像，也许就在他国发迹，然后将影响力辐射到美国。

这就是人们追捧“每个人都有独特的才能”的原因，这一观念体现了“优势导向的人才观”本质。但实际上，这一观念和任何关于人才的数据都是矛盾的。它类似于说“每个人都应获得金牌”，但这只不过是伪智式的民粹主义罢了。有大量的数据表明，少数人为工作或组织做出了不成比例的高贡献，即使当所有人都斗志满满并展现了最佳表现时，个体表现之间的差异依然很大，有些人能较为轻松地取得更多成就，有些人花费了大量力气却收获不多，因此忽视人与人之间的才能差异是不合理的。

然而，好几项心理学研究表明，大多数人认为自己各方面的能力高于平均水平。例如，大多数人都认为，自己的记忆力[5]和健康状况[6]比一般人要好，恋爱关系也比一般人美满[7]。大多数管理者都认为，自己的领导水平和商业能力要高于平均水平[8]；大多数运动员都认为自己的运动能力远超同龄人[9]。在某些才能领域，这种“高于平均水平”的偏见表现得更为极端：多达90%的司机认为自己的驾驶能力要高于平均水平[10]，约90%的高中生认为自己的社交能力要高于平均水平，而几乎所有的大学教授认为自己的教学能力高于平均水平。[11]

在我们的研究中，我们强调了人们在自我评估才能时普遍存在偏差，特别是在天赋和智力方面的偏差。我们的研究不同于那些“高于平均水平”的研究，因为我们还客观评估了人们的能力，让我们能够量化自我评估的准确程度。我们的研究方法虽然简单却非常严谨。首先，被测试者会完成一个科学有效的才能测试（例如，对创造力、运算能力或言语智力的测试）；然后，他们会看到一个包含平均数和标准差的正态分布图；接下来，他们会被要求根据这一标准估计自己的分数。比如说，如果任务是评估言语智力，被测试者会被告知平均分是 100 分，66% 的人的分数会介于 85 分和 115 分之间。经过详细的说明，以及被测试者当场完成测试并给出自我评估分数，我们本以为被测试者的自我评估分数和他们的实际测试分数会有很高的相关性，然而这两者的典型相关系数只有约 0.20 [12]，这意味着只有 4% 的自我评估分数和测试结果保持一致。因此，如果你想用维恩图来表明自我评估才能和实际才能的重合关系，那么这两个圆几乎不会重叠。元分析显示，员工对其工作表现的自我评估与上级领导者对其表现的评估存在很大差异，这主要是因为员工评估自己的表现时过于乐观，尤其是当他们表现不佳的时候，[13] 这一点在西方文化中尤为明显。西方人缺乏自我批评，并且对自己的技能和成就不够谦逊，但有时吹嘘得天花乱坠反而会得到回报。

即使人们知晓了什么是“高于平均水平”的偏见，大多数人也认为他们没有这种偏见，心理学家将这种现象称为偏见盲点[14]——在评估自我才能方面，相信自己和他人不一样，并且不会带有偏见。如果你将这种普遍的乐观心态视为一种健康的习惯，那我无话可说。过度自信的员工很难发展出自我认知并接受负面反馈，自满的领导者也很难积极参与教练和发展干预项目。一般来说，当人们对他们的才能和对组织做出的贡献存在认知偏差时，他们更难接受同事的成功。因此，薪酬和薪酬满意度之间的关系向来是薄弱的。即使有明确的绩效标准，大多数人仍然认为他们的薪酬应该比同事的高，特别是当他们认为自己的才能和投入度比同事更高的时候。[15]

然而，不少现代人才管理实践助长并强化了人们对自身能力的不切实际的幻想。一些大型公司，如美国电子商务公司Wayfair和波士顿咨询公司，考虑取消绩效评估中的负面反馈，让员工要么只收到积极反馈，要么根本得不到任何反馈。[16]同样，在人力资源行业（尤其是在美国），“弱点”这个词正变得越来越政治不正确，人们常常用“机会”来替代它。

这种“每个人都很棒”的人才管理理念不仅扼杀了大多数员工本就不多的自我认知，还暗示每位员工的重要性都一样。预设每位员工都有潜力，都值得培养，这会降低人才管理干预的投资收益率，因为相比于普通员工的进步，骨干员工的进步将会给组织带来更大的好处。此外，人们真正需要的是对他们潜力的真诚反馈，而不是助长他们对自身才能的错觉。当员工意识到自己的局限性时，他们就有可能缩小实际自我与理想自我之间的差距，从而取得进步。当我们夸大员工的才能时，他们就有可能做出过于冒险的决策，做出超出自己能力范围的事情。正如查尔斯·布考斯基在他的小说《女人》中所说：

> 但是，如果只是因为某人坐在你对面，你就谎称他很有才华，那么这就是最不可饶恕的谎言，因为这是在告诉他不要改变，这对一个没有才华的人来说纯粹是在浪费生命。但是，很多人就是这样做的，特别是在朋友或亲戚之间。[17]

关于人才的一个主要问题在于，要说服他人相信你拥有才能，通常你只需要让自己相信。从进化心理学的角度来看，这是自满能带来的为数不多的显著优势之一。把自己想得太好虽然通常会给你带来麻烦（因为你低估了威胁和危险，未能认识到自己能力上的不足，这让你无心努力让自己变得更好），但也能帮助你掩饰自己的不安。换句话说，如果你对自己的弱点一无所知，别人可能也察觉不到你的不安——这可能会误导别人，让别人相信你是有能力的，毕竟你看起来对自己的能力很有自信。因此，对自己的才能感到自满的一个意外好处是，你可以愚弄他人，让他们相信你很有才华。但需要说明的是，虽然自满能帮助人们在短期内伪装成有才能的人，但长期来看，这会对集体或团队造成损害。一个推崇自我的人，即使本身并没有才能，也能得到组织或整个社会的推崇，那这样的组织和社会一定充满了妄想和欺诈。

一些名言，例如亨利·福特所说的“无论你是否相信自己能做到，你都是对的”，或者维吉尔所说的“他们之所以能做到，是因为人们相信他们能做到”，都凸显了我们对“信心孕育能力”这一原则的坚持。无论是自我评估和实际能力之间的巨大差距，还是“高于平均水平”的偏见，它们都表明大多数认为自己有才华的人并没有才华。无论你是否认为自己能做到，你可能都是错的（特别是当你认为自己能做到时）。随机选两个人，对自己的才能更满意的那个人更有可能被认为是人才。如果人们能准确评估自己和他人的才能，这种情况就不会发生了。然而，现实情况是，正如伯特兰·罗素所言：“这个世界的全部问题在于愚者与狂徒总是对自己深信不疑。”

快乐被高估了

当谈到才能时，话题总是会从生产力及职业成功转向个人的幸福和快乐。其隐含的意思是，组织和管理者应该专注于提升员工的幸福感，而员工也应将幸福感置于其他职业目标之上。然而，要让组织去关心员工是否快乐是不现实的。即使是在非营利组织中，雇主关心的也是生产力、员工表现和组织效能。拿投入度来说，雇主之所以重视它，是因为这一因素会影响其他他所重视的因素，而非为了让员工感到快乐。不同于投入度，幸福感并不会转化为更高的绩效或生产力。事实上，除非人们感到有些不快乐，有动力去改变现状，否则不会创造出任何有价值的东西。文明中所有的艺术、社会和科学杰作，都是在不满中被创造出来的，人们用这些非凡的成就来治愈自己的不幸。相反，幸福的人通常过于满足现状，因而无法进行创造，毕竟他们没有失衡的问题需要解决，现实世界也没有太多烦恼，他们也就没有尝试改变的动力。

显然，在过去的一个世纪里，工作的性质在往好的方向发展。随着福特主义和弗雷德里克·泰勒的科学管理体系的兴起，员工被工具化了，被视为机械系统的工业延伸，或同一机器的单个组件。虽然那个时代见证了管理心理学作为一门科学的兴起，但它的重点是提高生产力，而这往往需要牺牲员工的福祉。当时，没有人去讨论工作的目的和意义，优秀员工的状态类似于马克思提出的异化概念，但人人都将其视为常态。20 世纪 50 年代，作为一种员工保护监管实体，人力资源的出现普遍改善了员工的待遇，但雇主与员工之间的关系仍然是交易性质的，从动机来看也是外部的。这使得人力资源变成了官僚主义下的采购者，而员工成了具有工具性质的领薪人，即所谓的“经济人”：理性、务实，致力于追求外在的奖励并避免损失。从 20 世纪 60 年代末开始，随着人本主义和积极心理学的兴起，人力资源行业开始关注员工的福祉，极大地改变了人们对工作的观念。我们如今就生活在“精神工作狂”时代的余波当中。

在工业化世界，大多数人渴望的不再是一份工作，而是一段职业生涯。曾经流行的“泰勒主义”，如今已被工作游戏化取代。员工期望获得类似消费者的体验，人力资源部门也和公关及市场营销部门联手，创设出一种类似于度假村体验的组织文化。那些被评为最佳工作地点的公司，将寿司师傅、乒乓球、洗衣服务和无限假期等福利作为噱头，同时还向员工承诺，帮助他们进入职业发展的“快车道”并获得“改变世界”的能力。然而，无论是认为世界上所有人都能对工作全力以赴，抑或假设世界上每个人都能找到满意的工作，都是荒诞不经的。遗憾的是，只有那 1% 的顶尖人才真正有资格去开启一段有趣且享受的职业冒险，而其余的人只能面对无趣且单调的工作。人们常说，每个人都能在工作中找到意义，但现实与这一说法背道而驰，对大多数人来说，职业生涯重塑是一个现实的选择。此外，在发达经济体中，相当一部分工作者相信他们理应在工作中找到乐趣，他们如果在工作中没有找到乐趣，就应该跳槽或辞职，因为工作剥夺了他们一项普遍的权利。

将工作视为自我实现或精神满足的工具的观点是荒谬的，因为这会给普通员工带来巨大的压力，迫使他们去找寻完美的工作。这种观点拔高了职业抱负，把它提升到了难以实现的高度，其效果往往适得其反：有挑战性的目标能够激励人，但不切实际的目标会消磨人。如果成功的机会不到万亿分之一，那么就没必要渴求成为下一个埃隆·马斯克或史蒂夫·乔布斯。此外，这种渴望可能还会让你错过那些唾手可得且客观上更好的工作机会。再者，数百项社会心理学研究表明，强迫人感到快乐是不可能的，而试图去追求快乐往往事与愿违。正如艾伦·沃茨所言：“当你试图浮在水面上时，你会沉下去；当你试图沉下去时，你却会浮起来。”同样，你在追求快乐上耗费的精力越多，你得到的快乐就越少。快乐和投入度一样，都是工作的不确定性产物，能否收获快乐，关键在于你工作的性质。换句话说，幸福快乐是副产品。投身到伟大的事业当中也有可能不快乐，同样，没有伟大的事业也可能感受到快乐。

作为历史上最伟大的哲学家之一，路德维希·维特根斯坦曾指出：“我不知道我们为什么会在这，但我很确定，我们不是来享受的。”考虑到目前有关员工投入度和幸福感的著作，有 99% 都流露出了一种普遍乐观的情绪，维特根斯坦的这一论调似乎成了异端邪说。然而，当我们探讨生命的意义时，这些看似愤世嫉俗和悲观的言论背后传达了两个重要的观点。首先，在过去的 100 年里，没有任何客观迹象表明人类的工作或生活满意度有任何显著的提升。如果有主观的指标可以证明，那也可能只是美好的错觉。法国电影《怒火青春》用隐喻说明了这一现象。电影里，一个人从 50 层高的塔楼坠落，他不断地告诉自己“到目前为止一切都好”，但最终伤害他的不是坠落，而是着陆。奥斯卡·王尔德在谈及乐观时则更加诗意，他用更积极的语言描绘了这一现象：“我们都生活在阴沟里，但仍有人仰望星空。”

其次，即使我们有能力让员工感到快乐，我们也没有明确的理由去这么做。快乐带来的好处大多受限于个人而非集体。此外，我们如果用客观指标来丈量幸福或成就，就会发现它们通常和人的快乐无关——这也就是学术上将“快乐”称为“主观幸福感”的原因。我们可以想象一个充满欢声笑语的工作环境，员工可能因为玩得太尽兴而无法保证高效的产出。过于融洽的关系可能会抑制个人的进步，快乐与生产力之间存在一定的矛盾。表现最好的那部分员工能为组织和社会带来最多的收益，而某种程度上的不满和不快乐可能比快乐更能促进生产力的提高。实际上，我们并不需要任何“首席快乐官”。

人才时代

我们如今生活在一个人才至上的时代。正如组织心理学家所指出的：

> 如今，越来越多的人达成了共识，组织的独特竞争优势在于人才、人力资源管理实践和系统，以及组织文化……我们现在处于人力资本的时代，组织想要成功，需要充分释放员工的潜力。[18]

事实上，人才争夺战早在20世纪末就开始了，目前依然在如火如荼地进行当中。人才争夺战的讨论热度仅次于禁毒战争和反恐战争，但和那些战争一样，我们能得出的唯一理性的或数据驱动的结论是，我们正在输掉这场战役：人才争夺战已经演变成了与人才为敌。

正如前文所述，我们面临的一些主要问题源于我们误解了人才的真正含义，同时高估了我们管理人才的能力——这就是所谓的“人才错觉”。虽然“人才”一词已成为一个常见的职场术语，充斥在全球流行的媒体博客及商业出版物中，但《经济学人》指出：“许多公司甚至不知道该如何定义人才，更别说去管理人才。”[19] 毫不意外，无论在哪个领域，当谈到才能时，都有员工自我评估和组织评估存在差异的情况。[20] 事实上，即使是狭义上的才能，例如智力，人们的自我评估和实际情况之间也存在较大差距。如果人们都不太清楚自己有什么才能，我们又怎么能期待他们做出正确的职业选择呢？如果领导者和决策者无法识别人才，更别说理解人才，他们又如何去培养和发展人才呢？

这种人才认知的不一致给雇佣双方都带来了问题：对员工而言，给了他们不切实际的期望和一种权利感；对组织而言，会因提拔和雇用了错误的人选而错失更好的选择。结果就是，才能和成功的关联性比应有的更弱。[21] 在一个理性的世界，才能和成功应该有很大的关联性。然而，在现实世界中，个人的成功和才能的关联性较小，因为有太多人即使没有帮助组织发展也得到了晋升。

如今，人才管理是人力资源从业者讨论最多的话题，[22] 值得一提的是，几乎所有的人力资源从业者都至少部分参与了人才管理实践。[23] 因此，有人将人才管理视为一个用来定义人力资源的关键和战略职能的新术语，并且这些职能被重新命名为人力或人才分析。然而，尽管在商业世界中，人才管理的重要性毋庸置疑，但理论和实践依然存在着巨大的差距。[24]

令人遗憾的是，人力资源从业者通常不太关心人力资源领域的学术研究。[25] 更糟糕的是，他们和其他行业人士或普罗大众一样，认为仅靠自己的直觉和经验就能深刻而精准地了解一个人。这是心理学的主要问题之一：大多数人都对心理学很感兴趣，他们也认为自己就是心理学专家。与其他科学领域相比，例如量子物理学或有机化学，心理学显得相对直观。毕竟，心理学研究的是人，我们大多数人每天都会花费大量的时间与他人打交道，因此我们应该是该领域的专家。然而，理解和预测人类行为是要有科学依据的，用直觉去判断心理学上的问题，与用直觉去判断量子物理学或有机化学的问题一样，是主观且错误的。此外，更为棘手的是，作为公众感兴趣的话题，以及在自我管理和职业发展对话中的关键主题，人才问题正在得到越来越多的关注，但同时该领域也出现了越来越多的“噪声”。事实上，那些自封的专家和所谓的大师正在用他们空泛的建议腐蚀领导力发展和人才管理行业。关于人才的思考已被“自助运动”劫持，大量基于民粹主义的有害建议由此产生，这些建议缺乏科学依据，却在人力资源从业者和决策者处理人才事务时被广泛应用。

由此，鉴于工作疏离症的流行、被动求职者的崛起、自雇吸引力的增加和创业精神的高涨，虽然20世纪末人们就已提出“人才争夺战”这一概念，但我们如今依然没有看见丝毫胜利的曙光。更糟糕的是，我们投入了大量资金和资源想要赢得这场战争，但就像我们在禁毒战争和反恐战争中的表现一样，依然胜负难料。

不过，形势并非完全无法挽回。如果我们能够利用有关人才的知识，同时忽略掉那些毫无依据的建议，我们将看到隧道尽头的阳光。虽然采用那些经过科学论证的原则会有所帮助，但也许更重要的是废除那些适得其反的做法。因此，对人力资源从业者来说，最重要的事情就是先找到那些看似符合直觉和常识但实际上可能是错误且具有破坏性的做法。正如马克·吐温所言：“让你陷入困境的不是你的无知，而是那些你深信不疑的谬误。”

参考文献

前言

1. Schofield, TM. On my way to being a scientist. *Nature* 2013; 497(7448): 277–8, doi:10.1038/nj7448-277a.

第一章

1. Chambers E, Foulon, M, Handfield-Jones, H, Hankin, S and Michael III, E. The war for talent. *McKinsey Q*. 1998; 3: 44–57, doi:10.4018/jskd.2010070103.
2. http://www.economist.com/news/britain/21601032-new-student-loans-system-proving-more-expensive-expected-fees-fi-fo-fum?zid=316&ah=2f6fb672faf113fdd3b11cd1b1bf8a77.
3. http://www.economist.com/node/21534792?zid=316&ah=2f6fb-672faf113fdd3b11cd1b1bf8a77.
4. http://www.wsj.com/articles/total-u-s-auto-lending-surpasses-1-trillion-for-first-time-1439478198.
5. http://www.trainingindustry.com/blog/blog-entries/how-big-is-the-training-market.aspx.

6. Cappelli, P and Keller, J. Talent management: Conceptual approaches and practical challenges. *Annu. Rev. Organ. Psychol. Organ. Behav.* 2014; 1(1): 305–31, doi:10.1146/annurev-orgpsych-031413-091314.

7. Tansley, C. What do we mean by the term 'talent' in talent management? *Ind. Commer. Train.* 2011; 43(5): 266–74, doi:10.1108/00197851111145853.

8. Ibid.

9. Florida, R. The economic geography of talent. *Ann. Assoc. Am. Geogr.* 2002; 92(4): 743–55, doi:10.1111/1467-8306.00314.

10. Ng, TWH and Feldman, DC. How broadly does education contribute to job performance? *Pers. Psychol.* 2009; 62: 89–134.

11. Scullion, H, Collings, DG and Caligiuri, P. Global talent management. *J. World Bus.* 2010; 45(2): 105–8, doi:10.1016/j.jwb.2009.09.011.

12. https://hbr.org/2013/05/talent-management-boards-give/.

13. Harter, JK, Schmidt, FL and Hayes TL. Business-unit-level relationship between employee satisfaction, employee engagement, and business outcomes: A meta-analysis. *J. Appl. Psychol.* 2002; 87(2): 268–279, doi:10.1037/0021-9010.87.2.268.

14. Davenport, TH, Harris, J, and Shapiro, J. Competing on talent analytics. *Harv. Bus. Rev.* 2010; 88: 52–8, doi:Article.

15. Pfeffer, J. *Leadership BS: Fixing Workplaces and Careers One Truth at a Time.* New York: Harper Business (2015).

16. http://qz.com/375353/half-of-us-workers-have-left-a-job-because-they-hated-their-boss/.

17. Jones, JR and Harter, JK. Race effects on the employee engagement-turnover intention relationship. *J. Leadersh. and Organ. Stud.* 2005; 11: 78–88, doi:10.1177/107179190501100208.

18. Wahyu Ariani, D. The relationship between employee engagement, organizational citizenship behavior, and counterproductive work behavior. *Int. J. Bus. Adm.* 2013;

4: 46–57, doi:10.5430/ijba.v4n2p46.

19. Appelbaum, SH, Iaconi, GD and Matousek, A. Positive and negative deviant workplace behaviors: Causes, impacts, and solutions. *Corp. Gov.* 2007; 7(5): 586–98, doi:10.1108/14720700710827176.
20. https://hbr.org/2014/05/managing-the-immoral-employee/.
21. O'Connell, M and Kung, M-C. The cost of employee turnover. *Ind. Manag*. 2007; 49(1): 14–19.
22. https://www.americanprogress.org/issues/labor/report/2012/11/16/44464/there-are-significant-business-costs-to-replacing-employees/.
23. Cappelli, P and Keller, J. Talent management: Conceptual approaches and practical challenges. *Annu. Rev. Organ. Psychol. Organ. Behav.* 2014; 1(1): 305–31, doi:10.1146/annurev-orgpsych-031413-091314.
24. Incidentally, in the same time period marriages have become more ephemeral, too.
25. Hogan, R and Chamorro-Premuzic, T. Personality and career success. APA Handb. Personal. *Soc. Psychol. Vol. 4. Personal. Process. Individ. Differ.* 2015; 4: 619–38, doi:10.1037/14343-028.
26. Ashford, SJ, Lee, C and Bobko, P. Content, cause, and consequences of job insecurity: A theory-based measure and substantive test. *Acad. Manag.* J. 1989; 32 (4): 803–29, doi:10.2307/256569.
27. http://careerbuildercommunications.com/candidatebehaviour/.
28. http://www.economist.com/news/business/21612191-social-network-has-already-shaken-up-way-professionals-are-hired-its-ambitions-go-far.
29. Scullion, H, Collings, DG and Caligiuri, P. Global talent management. *J. World Bus*. 2010; 45(2): 105–8, doi:10.1016/j.jwb.2009.09.011.
30. Bidwell, M. Paying more to get less: The effects of external hiring versus internal mobility. *Adm. Sci. Q*. 2011; 56(3): 369–407, doi:10.1177/0001839211433562.
31. Ng, TWH and Feldman, DC. Organizational tenure and job performance. *J.*

Manage. 2010; 36(5): 1220–50, doi:10.1177/0149206309359809.

32. Cappelli, P and Hamori, M. Understanding executive job search. *Organ. Sci.* 2014; 25(5): 1511–29, doi:10.1287/orsc.2013.0871.
33. https://www.bluesteps.com/blog/record-breaking-executive-search-industry.
34. Although this quote is difficult to attribute, it would be incorrect to pretend it's mine (and it is attributed more to Warren Buffett than to anyone else).
35. Cappelli, P and Keller, J. Talent management: Conceptual approaches and practical challenges. *Annu. Rev. Organ. Psychol. Organ. Behav*. 2014; 1(1): 305–31, doi: 10.1146/annurev-orgpsych-031413-091314.
36. Kwon, K and Rupp, DE. High-performer turnover and firm performance: The moderating role of human capital investment and firm reputation. *J. Organ. Behav*. 2013; 34: 129–50, doi:10.1002/job.
37. Lidsky, D. It's not just who you know. *Fast Co*. 2007; (115): 56.
38. Boswell, WR, Zimmerman, RD and Swider, BW. Employee job search: Toward an understanding of search context and search objectives. *J. Manage*. 2012; 38(1): 129–63, doi:10.1177/0149206311421829.
39. Bates, T. Self-employment entry across industry groups. *J. Bus. Ventur*. 1995; 10(2): 143–56, doi:10.1016/0883-9026(94)00018-P.
40. http://www.economicmodeling.com/2014/02/06/americas-self-employment-landscape/.
41. Oyelere, RU and Belton, W. Coming to America: Does having a developed home country matter for self-employment in the United States? *Am. Econ. Rev*. 2012; 102(3): 538–42, doi:10.1257/aer.102.3.538.
42. Blanchflower, DG. Self-employment in OECD countries. *Labour Econ*. 2000; 7(5): 471–505, doi:10.1016/S0927-5371(00)00011-7.
43. Thurik, AR, Carree, MA, van Stel, A and Audretsch, DB. Does self-employment reduce unemployment? *J. Bus. Ventur*. 2008; 23(6): 673–86, doi:10.1016/

j.jbusvent.2008.01.007.

44. Bender, KA and Roche, K. Educational mismatch and self-employment. *Econ. Educ. Rev.* 2013; 34: 85–95, doi:10.1016/j.econedurev.2013.01.010.

45. http://www.economist.com/news/britain/21676792-why-more-britons-are-working-themselves-uber-conundrum.

46. http://www.economist.com/news/economic-and-financial-indicators/21660991-self-employment.

47. http://www.theatlantic.com/business/archive/2011/09/the-freelance-surge-is-the-industrial-revolution-of-our-time/244229/.

48. http://www.economist.com/blogs/freeexchange/2015/10/gig-economy?zid=297&ah=3ae0fe266c7447d8a0c7ade5547d62ca.

49. Startienė, G, Remeikienė, R and Dumčiuvienė, D. Concept of self-employment. *Econ. Manag*. 2010; 15: 262–75.

50. Griffeth, RW. A meta-analysis of antecedents and correlates of employee turnover: Update, Moderator tests, and research implications for the next millennium. *J. Manage*. 2000; 26(3): 463–88, doi:10.1177/014920630002600305.

51. http://www.economist.com/blogs/buttonwood/2013/07/work-and-growth?zid=297&ah=3ae0fe266c7447d8a0c7ade5547d62ca.

52. Zwan, P van der, Hessels, J and Rietveld, CA. The pleasures and pains of self-employment: A panel data analysis of satisfaction with life, work, and leisure. 2015. Tinbergen Discussion Paper, 15-099/VII.

53. Blanchflower, DG. Self-employment in OECD countries. *Labour Econ*. 2000; 7(5): 471–505, doi:10.1016/S0927-5371(00)00011-7.

54. Blanchflower, DG. Self-employment: More may not be better. Swedish Econ. *Policy Rev*. 2004; 11: 15–74, doi:http://www.nber.org/papers/w10286.pdf.

55. http://www.forbes.com/sites/scotthartley/2012/03/25/conspicuous_creation/.

56. http://www.forbes.com/sites/dinagachman/2013/01/10/are-entrepreneurs-the-rock-

stars-of-today/.

57. http://www.entrepreneur.com/article/245574.

58. https://hbr.org/2014/01/the-dangerous-rise-of-entrepreneurship-porn.

59. Frese, M and Gielnik, MM. The psychology of entrepreneurship. *Annu. Rev. Organ. Psychol. Organ. Behav*. 2014; 1(1): 413–38, doi:10.1146/annurev-orgpsych-031413-091326.

60. Thurik, AR, Carree, MA, van Stel, A and Audretsch, DB. Does self-employment reduce unemployment? *J. Bus. Ventur*. 2008; 23(6): 673–86, doi:10.1016/j.jbusvent.2008.01.007.

61. Frese, M and Gielnik, MM. The psychology of entrepreneurship. *Annu. Rev. Organ. Psychol. Organ. Behav*. 2014; 1(1): 413–38, doi:10.1146/annurev-orgpsych-031413-091326.

62. Shane, SA. *The Illusions of Entrepreneurship*. New Haven, CT: Yale UP (2008).

63. Kuratko, DF. The emergence of entrepreneurship education: Development, trends, and challenges. *Entrep. Theory Pract*. 2005; 29(5): 577–98, doi:10.1111/j.1540-6520.2005.00099.x.

64. http://www.forbes.com/sites/jasonnazar/2013/09/09/16-surprising-statistics-about-small-businesses/#2af0e44a3078.

65. Cromie, S and Hayes, J. Business ownership as a means of overcoming job dissatisfaction. *Pers. Rev*. 1991; 20(1): 19–24, doi:10.1108/00483489110006853.

66. *The Economist, Managing Talent: Recruiting, Retaining and Getting the Most from Talented People*, eds. M Devine and M Syrett. London: Profile Books (2006), p.45.

67. https://hbr.org/2012/10/the-danger-of-celebritizing-en.

68. Frese, M and Gielnik, MM. The psychology of entrepreneurship. *Annu. Rev. Organ. Psychol. Organ. Behav*. 2014; 1(1): 413–38, doi:10.1146/annurev-orgpsych-031413-091326.

69. http://www.huffingtonpost.com/2012/01/20/global-entrepreneurship-is-on-the-

rise_n_1216921.html.

70. Twenge, JM. A review of the empirical evidence on generational differences in work attitudes. *J. Bus. Psychol.* 2010; 25(2): 201–10, doi:10.1007/s10869-010-9165-6.

71. Twenge, JM, Miller, JD and Campbell, WK. The narcissism epidemic: Commentary on modernity and narcissistic personality disorder. *Personal. Disord. Theory, Res. Treat.* 2014; 5(2): 227–29, doi:10.1037/per0000008.

第二章

1. http://99u.com/articles/20490/talent-is-persistence-what-it-takes-to-be-an-independent-creative.
2. http://www.self-esteem-enhances-life.com/talents-T3.html.
3. http://www.gallup.com/businessjournal/412/exactly-what-talent-anyway.aspx.
4. McDaniel, MA. Gerrymandering in personnel selection: A review of practice. *Hum. Resour. Manag. Rev.* 2009; 19(3): 263–70, doi:10.1016/j.hrmr.2009.03.004.
5. Borkenau, P, Mauer, N, Riemann, R, Spinath, FM and Angleitner, A. Thin slices of behavior as cues of personality and intelligence. *J. Pers. Soc. Psychol.* 2004; 86(4): 599–614, doi:10.1037/0022-3514.86.4.599.
6. Rule, NO and Ambady, N. Face and fortune: Inferences of personality from managing partners' faces predict their law firms' financial success. *Leadersh. Q.* 2011; 22(4): 690–96, doi:10.1016/j.leaqua.2011.05.009.
7. http://pubsonline.informs.org/doi/abs/10.1287/orsc.1090.0481?journalCode=orsc.
8. Lipovetsky, S. Pareto 80/20 law: Derivation via random partitioning. *Int. J. Math. Educ. Sci. Technol.* 2009; 40(2): 271–7, doi:10.1080/00207390802213609.
9. Andriani, P and McKelvey, B. Managing in a Pareto world calls for new thinking. *Management* 2011; 14(2): 90–118.
10. Grosfeld-Nir, A, Ronen, B and Kozlovsky, N. The Pareto managerial principle:

When does it apply? *Int. J. Prod. Res*. 2007; 45(10): 2317–25, doi:10.1080/00207540600818203.

11. http://www.economist.com/node/9988840.
12. http://www.economist.com/node/17848429.
13. Cappelli, P and Keller, J. Talent management: Conceptual approaches and practical challenges. *Annu. Rev. Organ. Psychol. Organ. Behav.* 2014; 1(1): 305–31, doi:10.1146/annurev-orgpsych-031413-091314.
14. http://www.economist.com/node/17848429.
15. Sackett, PR. Revisiting the origins of the typical–maximum performance distinction. *Hum. Perform*. 2007; 20(3): 179–85, doi:10.1080/08959280701332968.
16. Cronbach, LJ and Meehl, PE. Construct validity in psychological tests. *Psychol. Bull.* 1955; 52: 281–302, doi:10.1037/h0040957.
17. DuBois, CL, Sackett, PR, Zedeck, S and Fogli, L. Further exploration of typical and maximum performance criteria: Definitional issues, prediction, and White–Black differences. *J. Appl. Psychol*. 1993; 78(2): 205–11, doi:10.1037/0021-9010.78.2.205.
18. Klehe, U-C and Anderson, N. Working hard and working smart: Motivation and ability during typical and maximum performance. *J. Appl. Psychol*. 2007; 92(4): 978–92, doi:10.1037/0021-9010.92.4.978.
19. Ones, DS and Viswesvaran, C. A research note on the incremental validity of job knowledge and integrity tests for predicting maximal performance. *Hum. Perform*. 2007; 20(3): 293–303, doi:10.1080/08959280701333461.
20. Klehe, U-C and Anderson, N. Working hard and working smart: Motivation and ability during typical and maximum performance. *J. Appl. Psychol*. 2007; 92(4): 978–92, doi:10.1037/0021-9010.92.4.978.
21. Ployhart, RE, Lim, B-C and Chan, K-Y. Exploring relations between typical and maximum performance ratings and the five factor model of personality. *Pers.*

Psychol. 2001; 54: 809–43, doi:10.1111/j.1744-6570.2001.tb00233.x.

22. Karau, S and Williams, KD. Interpersonal relations and group social loafing: A meta-analytic review and theoretical integration. *J. Pers. Soc. Psychol.* 1993; 65(4): 681–706, doi:10.1037/0022-3514.65.4.681.
23. Klehe, U-C and Latham, G. What would you do—really or ideally? Constructs underlying the behavior description interview and the situational interview in predicting typical versus maximum performance. *Hum. Perform.* 2006; 19(4): 357–82, doi:10.1207/s15327043hup1904_3.
24. Chamorro-Premuzic, T, Ahmetoglu, G and Furnham, A. Little more than personality: Dispositional determinants of test anxiety (the big five, core self-evaluations, and self-assessed intelligence). *Learn. Individ. Differ.* 2008; 18(2): 258–63, doi:10.1016/j.lindif.2007.09.002.
25. Beus, JM and Whitman, DS. The relationship between typical and maximum performance: A meta-analytic examination. *Hum. Perform.* 2012; 25(5): 355–76, doi: 10.1080/08959285.2012.721831.
26. Sackett, PR, Zedeck, S and Fogli, L. Relations between measures of typical and maximum job performance. *J. Appl. Psychol.* 1988; 73(3): 482–6, doi:10.1037/0021-9010.73.3.482.
27. Sackett, PR. Revisiting the origins of the typical–maximum performance distinction. *Hum. Perform.* 2007; 20(3): 179–85, doi:10.1080/08959280701332968.
28. Ployhart, RE, Lim, B-C and Chan K-Y. Exploring relations between typical and maximum performance ratings and the five factor model of personality. *Pers. Psychol.* 2001; 54: 809–43, doi:10.1111/j.1744-6570.2001.tb00233.x.
29. Klehe, U-C and Anderson, N. Working hard and working smart: Motivation and ability during typical and maximum performance. *J. Appl. Psychol.* 2007; 92(4): 978–92, doi:10.1037/0021-9010.92.4.978.
30. Saatchi, C. *Question.* London: Phaidon Press (2010), p.29.

31. Ackerman, PL. Nonsense, common sense, and science of expert performance: Talent and individual differences. *Intelligence* 2014; 45(1): 6–17, doi:10.1016/j.intell.2013.04.009.

32. Ruthsatz, J, Ruthsatz, K and Stephens, KR. Putting practice into perspective: Child prodigies as evidence of innate talent. *Intelligence* 2014; 45(1): 60–65, doi:10.1016/j.intell.2013.08.003.

33. Roberts, BW. Back to the future: Personality and assessment and personality development. *J. Res. Pers.* 2009; 43(2): 137–45, doi:10.1016/j.jrp.2008.12.015.

34. Almlund, M, Duckworth, AL, Heckman, J and Kautz, T. *Personality Psychology and Economics*. 2011. NBER Working Paper No. 16822, doi:10.1016/B978-0-444-53444-6.00001-8.

35. Hogan, J and Holland, B. Using theory to evaluate personality and job-performance relations: A socioanalytic perspective. *J. Appl. Psychol.* 2003; 88(1): 100–12, doi:10.1037/0021-9010.88.1.100.

36. http://www.theguardian.com/technology/2014/feb/20/facebook-turned-down-whatsapp-co-founder-brian-acton-job-2009.

37. http://www.businessinsider.com/successful-people-who-failed-at-first-2015-7.

38. Ibid.

39. Davenport, TH, Harris, J and Shapiro, J. Competing on talent analytics. *Harv. Bus. Rev.* 2010; 88: 52–8, doi:Article.

40. Kristof-Brown, A and Guay, RP, Person–environment fit. In: *APA Handbook of Industrial and Organizational Psychology, Vol. 3: Maintaining, Expanding, and Contracting the Organization*. 2011: 3–50, doi:10.1037/12171-001.

41. Oh, I-S, Guay, RP, Kim, K, et al. Fit happens globally: A metaanalytic comparison of the relationships of person–environment fit dimensions with work attitudes and performance across East Asia, Europe, and North America. *Pers. Psychol.* 2014; 67(1): 99–152, doi:10.1111/peps.12026.

42. Wanous, JP, Poland, TD, Premack, SL and Davis, KS. The effects of met expectations on newcomer attitudes and behaviors: Areview and meta-analysis. *J. Appl. Psychol.* 1992; 77(3): 288–97, doi:10.1037/0021-9010.77.3.288.

43. Hogan, J and Holland, B. Using theory to evaluate personality and job-performance relations: A socioanalytic perspective. *J. Appl. Psychol.* 2003; 88(1): 100–112, doi: 10.1037/0021-9010.88.1.100.

44. Almlund, M, Duckworth, AL, Heckman, J and Kautz, T. *Personality Psychology and Economics*. 2011. NBER Working Paper No. 16822, doi:10.1016/B978-0-444-53444-6.00001-8.

第三章

1. Beus, JM and Whitman, DS. The relationship between typical and maximum performance: A meta-analytic examination. *Hum. Perform.* 2012; 25(5): 355–76, doi:10.1080/08959285.2012.721831.

2. Campbell, JP and Wiernik, BM. The modeling and assessment of work performance. *Annu. Rev. Organ. Pyschol. Organ. Behav.* 2015; 2: 47–74, doi:10.1146/annurev-orgpsych-032414-111427.

3. Kuncel, NR, Ones, DS and Sackett, PR. Individual differences as predictors of work, educational, and broad life outcomes. *Pers. Individ. Dif.* 2010; 49(4): 331–6, doi:10.1016/j.paid.2010.03.042.

4. Viswesvaran, C, Ones, DS and Schmidt, FL. Comparative analysis of the reliability of job performance ratings. *J. Appl. Psychol.* 1996; 81(5): 557–74, doi:10.1037/0021-9010.81.5.557.

5. Campbell, JP and Wiernik, BM. The modeling and assessment of work performance. *Annu. Rev. Organ. Pyschol. Organ. Behav.* 2015; 2: 47–74, doi:10.1146/annurev-orgpsych-032414-111427.

6. Ryan, AM and Ployhart, RE. A century of selection. *Annu. Rev. Psychol.* 2014; 65:

693–717, doi:10.1146/annurev-psych-010213-115134.

7. Sturman, MC, Cheramie, R and Cashen, LH. The impact of job complexity and performance measurement on the temporal consistency, stability, and test–retest reliability of employee job performance ratings. *J. Appl. Psychol.* 2005; 90(2): 269–83, doi:10.1037/0021-9010.90.2.269.
8. Silzer, ROB and Church, AH. The pearls and perils of identifying potential. *Ind. Organ. Psychol.* 2009; 2: 377–412, doi:10.1111/j.1754-9434.2009.01163.x.
9. Ryan, AM and Ployhart, RE. A century of selection. *Annu. Rev. Psychol.* 2014; 65: 693–717, doi:10.1146/annurev-psych-010213-115134.
10. Armstrong, PI, Day, SX, McVay, JP and Rounds, J. Holland's RIASEC model as an integrative framework for individual differences. *J. Couns. Psychol.* 2008; 55(1): 1–18, doi:10.1037/0022-0167.55.1.1.
11. Fruyt, F and Mervielde, I. RIASEC types and big five traits as predictors of employment status and nature of employment. *Pers. Psychol.* 1999; 52(3): 701–27, doi:10.1111/j.1744-6570.1999.tb00177.x.
12. Hogan, R, Chamorro-Premuzic, T and Kaiser, RB. Employability and career success: Bridging the gap between theory and reality. *Ind. Organ. Psychol.* 2013; 6(1): 3–16, doi:10.1111/iops.12001.
13. Campbell, JP and Wiernik, BM. The modeling and assessment of work performance. *Annu. Rev. Organ. Pyschol. Organ. Behav.* 2015; 2: 47–74, doi:10.1146/annurev-orgpsych-032414-111427.
14. Schmidt, FL. The role of general cognitive ability and job performance: Why there cannot be a debate. *Hum. Perform.* 2002; 15(1-2): 187–210, doi:10.1080/08959285.2002.9668091.
15. Earp, BD and Trafimow, D. Replication, falsification, and the crisis of confidence in social psychology. *Front. Psychol.* 2015; 6: 621, doi:10.3389/fpsyg.2015.00621.
16. Lyons, BD, Hoffman, BJ and Michel, JW. Not much more than G? An examination

of the impact of intelligence on NFL performance. *Hum. Perform*. 2009; 22(3): 225–45, doi:10.1080/08959280902970401.

17. Judge, T and Kammeyer-Mueller, JD. On the value of aiming high: The causes and consequences of ambition. *J. Appl. Psychol*. 2012; 97(4): 758–75, doi:10.1037/a0028084.
18. Simonton, DK. Talent and its development: An emergenic and epigenetic model. *Psych. Rev*. 1999; 106: 435–57, doi:10.1037/0033-295X.103.3.435.
19. Bell, ST, Villado, AJ, Lukasik, MA, Belau, L and Briggs, AL. Getting specific about demographic diversity variable and team performance relationships: A meta-analysis. *J. Manage*. 2011; 37(3): 709–43, doi:10.1177/0149206310365001.
20. Meyer, GJ, Finn, SE, Eyde, LD et al. Psychological testing and psychological assessment. A review of evidence and issues. *Am. Psychol*. 2001; 56: 128–65, doi:10.1037/0003-066X.56.2.128.
21. Levashina, J, Hartwell, CJ, Morgeson, FP and Campion, MA. The structured employment interview: Narrative and quantitative review of the research literature. *Pers. Psychol*. 2014; 67(1): 241–93, doi:10.1111/peps.12052.
22. Schmidt, FL and Hunter, JE. The validity and utility of selection methods in personnel psychology: Practical and theoretical implications of 85 years of research findings. *Psychol. Bull*. 1998; 124(2): 262–74, doi:10.1037/0033-2909.124.2.262.
23. Stewart, GL, Dustin, SL, Barrick, MR and Darnold, TC. Exploring the handshake in employment interviews. *J. Appl. Psychol*. 2008; 93(5): 1139–46, doi:10.1037/0021-9010.93.5.1139.
24. Roth, PL and Huffcutt, AI. A meta-analysis of interviews and cognitive ability: Back to the future? *J. Pers. Psychol*. 2013; 12(4): 157–69, doi:10.1027/1866-5888/a000091.
25. Huffcutt, AI, van Iddekinge, CH and Roth, PL. Understanding applicant behavior in employment interviews: A theoretical model of interviewee performance. *Hum.*

Resour. Manag. Rev. 2011; 21(4): 353–67, doi:10.1016/j.hrmr.2011.05.003.

26. Hamdani, MR, Valcea, S and Buckley, MR. The relentless pursuit of construct validity in the design of employment interviews. *Hum. Resour. Manag. Rev*. 2014; 24(2): 160–76, doi:10.1016/j.hrmr.2013.07.002.
27. Ibid.
28. Thornton, GC and Gibbons, AM. Validity of assessment centers for personnel selection. *Hum. Resour. Manag. Rev*. 2009; 19(3): 169–87, doi:10.1016/j.hrmr.2009.02.002.
29. Schmidt, FL and Hunter, JE. The validity and utility of selection methods in personnel psychology: Practical and theoretical implications of 85 years of research findings. *Psychol. Bull.* 1998; 124(2): 262–74, doi:10.1037/0033-2909.124.2.262.
30. Schmitt, N. Personality and cognitive ability as predictors of effective performance at work. *Annu. Rev. Organ. Psychol. Organ. Behav.* 2013; 1(1): 45–65, doi:10.1146/annurev-orgpsych-031413-091255.
31. Kuncel, NR, Ones, DS and Sackett, PR. Individual differences as predictors of work, educational, and broad life outcomes. *Pers. Individ. Dif.* 2010; 49(4): 331–6, doi:10.1016/j.paid.2010.03.042.
32. Schmitt, N. Personality and cognitive ability as predictors of effective performance at work. *Annu. Rev. Organ. Psychol. Organ. Behav*. 2013; 1(1): 45–65. doi:10.1146/annurev-orgpsych-031413-091255.
33. Salgado, JF, Anderson, N, Moscoso, S, Bertua, C and de Fruyt, F. International validity generalization of GMA and cognitive abilities: A European Community meta-analysis. *Pers. Psychol*. 2003; 56(3): 573–605, doi:10.1111/j.1744-6570.2003.tb00751.x.
34. Kuncel, NR, Ones, DS and Sackett, PR. Individual differences as predictors of work, educational, and broad life outcomes. *Pers. Individ. Dif.* 2010; 49(4): 331–6, doi:10.1016/j.paid.2010.03.042.

35. Schmidt, FL and Hunter, JE. The validity and utility of selection methods in personnel psychology: Practical and theoretical implications of 85 years of research findings. *Psychol. Bull.* 1998; 124(2): 262–74, doi:10.1037/0033-2909.124.2.262.
36. Gladwell, M. *Outliers*. New York: Little, Brown (2008), doi:10.3200/SRCH.20.2.48-57.
37. Kuncel, NR, Ones, DS and Sackett, PR. Individual differences as predictors of work, educational, and broad life outcomes. *Pers. Individ. Dif.* 2010; 49(4): 331–6, doi:10.1016/j.paid.2010.03.042.
38. Devine, DJ and Philips, JL. Do smarter teams do better? A meta analysis of cognitive ability and team performance. *Small Gr. Res.* 2001; 32(5): 507–32, doi:10.1177/104649640103200501.
39. Mead, AD and Drasgow, F. Equivalence of computerized and paper-and-pencil cognitive ability tests: A meta-analysis. *Psychol. Bull.* 1993; 114(3): 449–58, doi:10.1037/0033-2909.114.3.449.
40. Hunter, JE and Hunter, RF. Validity and utility of alternative predictors of job performance. *Psychol. Bull.* 1984; 96(1): 72–98, doi:10.1037/0033-2909.96.1.72.
41. Chamorro-Premuzic, T and Arteche, A. Intellectual competence and academic performance: Preliminary validation of a model. *Intelligence* 2008; 36(6): 564–73, doi:10.1016/j.intell.2008.01.001.
42. Elliot, AJ, Maier, MA, Moller, AC, Friedman, R and Meinhardt, J. Color and psychological functioning: The effect of red on performance attainment. *J. Exp. Psychol. Gen.* 2007; 136(1): 154–68, doi:10.1037/0096-3445.136.1.154.
43. Hausknecht, JP, Halpert, JA, Di Paolo, NT and Moriarty Gerrard, MO. Retesting in selection: A meta-analysis of coaching and practice effects for tests of cognitive ability. *J. Appl. Psychol.* 2007; 92(2): 373–85, doi:10.1037/0021-9010.92.2.373.
44. Kuncel, NR, Ones, DS and Sackett, PR. Individual differences as predictors of work, educational, and broad life outcomes. *Pers. Individ. Dif.* 2010; 49(4): 331–6,

doi:10.1016/j.paid.2010.03.042.

45. von Stumm, S and Plomin, R. Intelligence, socioeconomic status and the growth of intelligence from infancy through adolescence. *Intelligence* 2015; 48: 30–36, doi: 10.1016/j.intell.2014.10.002.
46. Hyde, JS and Linn, MC. Gender differences in verbal ability: A meta-analysis. *Psychol. Bull.* 1988; 104(1): 53–69, doi:10.1037/0033-2909.104.1.53.
47. Kuncel, NR, Ones, DS and Sackett, PR. Individual differences as predictors of work, educational, and broad life outcomes. *Pers. Individ. Dif.* 2010; 49(4): 331–6, doi:10.1016/j.paid.2010.03.042.
48. Hogan, J and Holland, B. Using theory to evaluate personality and job-performance relations: A socioanalytic perspective. *J. Appl. Psychol.* 2003; 88(1): 100–112, doi: 10.1037/0021-9010.88.1.100.
49. Judge, TA, Bono, JE, Ilies, R and Gerhardt, MW. Personality and leadership: A qualitative and quantitative review. *J. Appl. Psychol.* 2002; 87(4): 765–80, doi:10.1037//0021-9010.87.4.765.
50. Freund, PA and Kasten, N. How smart do you think you are? A meta-analysis on the validity of self-estimates of cognitive ability. *Psychol. Bull.* 2012; 138(2): 296–321, doi:10.1037/a0026556.
51. Sedikides, C and Gregg, AP. Self-enhancement: Food for thought. *Perspect. Psychol. Sci.* 2008; 3(2): 102–16, doi:10.1111/j.1745-6916.2008.00068.x.
52. Allen, TJ, Sherman, JW, Conrey, FR and Stroessner, SJ. Stereotype strength and attentional bias: Preference for confirming versus disconfirming information depends on processing capacity. *J. Exp. Soc. Psychol.* 2009; 45(5): 1081–7, doi:10.1016/j.jesp.2009.06.002.
53. Morgeson, FP, Campion, MA, Dipboye, RL, Hollenbeck, JR, Murphy, K and Schmitt, N. Reconsidering the use of personality tests in personnel selection contexts. *Pers. Psychol.* 2007; 60(3): 683–729, doi:10.1111/j.1744-6570.2007.00089.x.

54. Uziel, L. Rethinking social desirability scales: From impression management to interpersonally oriented self-control. *Perspect. Psychol. Sci.* 2010; 5(3): 243–62, doi: 10.1177/1745691610369465.

55. Schlenker, B. Interpersonal processes involving impression regulation and management. *Annu. Rev. Psychol.* 1992; 43: 133–68, doi:10.1146/annurev.psych.43.1.133.

56. Kleinmann, M. Selling oneself: Construct and criterion-related validity of impression management in structured interviews. *Hum. Perform.* 2011; 24(1): 29–46, doi: 10.1080/08959285.2010.530634.

57. Levashina, J, Hartwell, CJ, Morgeson, FP and Campion, MA. The structured employment interview: Narrative and quantitative review of the research literature. *Pers. Psychol.* 2014; 67(1): 241–93, doi:10.1111/peps.12052.

58. Hogan, J, Barrett, P and Hogan, R. Personality measurement, faking, and employment selection. *J. Appl. Psychol.* 2007; 92(5): 1270–85, doi:10.1037/0021-9010.92.5.1270.

59. Hausdorf, PA and Leblanc, MM. Cognitive ability testing and employment selection: Does test content relate to adverse impact? *Appl. HRM Res.* 2003; 7(2): 41–8.

60. Schmidt, FL and Hunter, JE. The validity and utility of selection methods in personnel psychology: Practical and theoretical implications of 85 years of research findings. *Psychol. Bull.* 1998; 124(2): 262–74, doi:10.1037/0033-2909.124.2.262.

61. Breaugh, JA. The use of biodata for employee selection: Past research and future directions. *Hum. Resour. Manag. Rev.* 2009; 19(3): 219–31, doi:10.1016/j.hrmr.2009.02.003.

62. Cole, M, Field, H and Stafford, J. Validity of resumé reviewers' inferences concerning applicant personality based on resumé evaluation. *Int. J. Sel. Assess.* 2005; 13(4): 321–4, doi:10.1111/j.1468-2389.2005.00329.x.

63. Ng, TWH and Feldman, DC. How broadly does education contribute to job performance? *Pers. Psychol.* 2009; 62: 89–134.

64. Becker, GS. Investment in human capital: A theoretical analysis. *J. Polit. Econ.* 1962; 70(5): 9, doi:10.1086/258724.
65. Borman, WC. 360° ratings: An analysis of assumptions and a research agenda for evaluating their validity. *Hum. Resour. Manag. Rev.* 1997; 7(3): 299–315, doi:10.1016/S1053-4822(97)90010-3.
66. Day, DV, Fleenor, JW, Atwater, LE, Sturm, RE and McKee, RA. Advances in leader and leadership development: A review of 25 years of research and theory. *Leadersh. Q.* 2014; 25(1): 63–82, doi:10.1016/j.leaqua.2013.11.004.
67. Reissig, S. 360-degree feedback. *Manager* 2011; Summer: 30–31, doi:10.2139/ssrn.2288194.
68. DeNisi, AS and Kluger, AN. Feedback effectiveness: Can 360-degree appraisals be improved? *Acad. Manag. Exec.* 2000; 14(1): 129–39, doi:10.5465/AME.2000.2909845.
69. Borman, WC. 360° ratings: An analysis of assumptions and a research agenda for evaluating their validity. *Hum. Resour. Manag. Rev.* 1997; 7(3): 299–315, doi:10.1016/S1053-4822(97)90010-3.
70. Day, DV, Fleenor, JW, Atwater, LE, Sturm, RE and McKee, RA. Advances in leader and leadership development: A review of 25 years of research and theory. *Leadersh. Q.* 2014; 25(1): 63–82, doi:10.1016/j.leaqua.2013.11.004.
71. Christian, MS, Edwards, BD and Bradley, JC. Situational judgment tests: Constructs assessed and a meta-analysis of their criterion-related validities. *Pers. Psychol.* 2010; 63(1): 83–117, doi:10.1111/j.1744-6570.2009.01163.x.
72. Chamorro-Premuzic, T. Ace the assessment. *Harv. Bus. Rev.* 2015; 93(7): 118–21.

第四章

1. Kahn, WA. Psychological conditions of personal engagement and disengagement at work. *Acad. Manag. J.* 1990; 33(4): 692–724, doi:10.2307/256287.

2. Van Iddekinge, CH, Roth, PL, Putka, DJ and Lanivich, SE. Are you interested? A meta-analysis of relations between vocational interests and employee performance and turnover. *J. Appl. Psychol.* 2011; 96(6): 1167–94, doi:10.1037/a0024343.
3. Petty, MM, McGee, GW and Cavender, JW. A meta-analysis of the relationships between individual job satisfaction and individual performance. *Acad. Manag. Rev.* 1984; 9(4): 712–21, doi:10.5465/AMR.1984.4277608.
4. Rich, BL, Lepine, JA and Crawford, ER. Job engagement: Antecedents and effects on job performance. *Acad. Manag. J.* 2010; 53(3): 617–35, doi:10.5465/AMJ.2010.51468988.
5. O'Boyle, EH, Forsyth, DR, Banks, GC and McDaniel, MA. A meta-analysis of the dark triad and work behavior: A social exchange perspective. *J. Appl. Psychol.* 2012; 97(3): 557–79. doi:10.1037/a0025679.
6. Christian, MS, Garza, AS and Slaughter, JE. Work engagement: A quantitative review and test of its relations with task and contextual performance. 2011; 68(3): 89–136. doi/10.1111/j.1744-6570.2010 .01203.x/abstract.
7. Ng, TWH, Sorensen, KL and Yim, FHK. Does the job satisfaction–job performance relationship vary across cultures? *J. Cross. Cult. Psychol.* 2009; 40(5): 761–96, doi: 10.1177/0022022109339208.
8. Hogan, R and Chamorro-Premuzic, T. Personality and career success. In: *APA Handbook of Personality and Social Psychology, Vol. 4: Personality Processes and Individual Differences.* Washington, DC: APA (2015), pp.619–38, doi:10.1037/14343-028.
9. Hogan, R and Blickle, G. Socioanalytic theory. In: *Handbook of Personality at Work*, eds. N Christiansen and R Tett. New York: Routledge (2013), pp.53–70.
10. Freud, S. On narcissism: An introduction [1914]. In: *Standard Edition of the Complete Psychological Works of Sigmund Freud*, Vol. XIV. London: Hogarth Press (1957), pp.73–102.

11. Hogan, R and Chamorro-Premuzic, T. Personality and the laws of history. *Wiley-Blackwell Handb. Individ. Differ*. 2013; (2007): 491–511, doi:10.1002/9781444343120.ch18.

12. Stone, B. *The Everything Store: Jeff Bezos and the Age of Amazon*. New York: Little, Brown (2013), doi:10.1007/s13398-014-0173-7.2.

13. Finkle, TA. Richard Branson and Virgin, Inc. *J. Int. Acad. Case Stud*. 2011; 17(5): 109–22.

14. Isaacson, W. The real leadership lessons of Steve Jobs. *Harv. Bus. Rev.* 2012; 90(4).

15. Schneider, B, Ehrhart, MG and Macey, WH. Organizational climate and culture. *Annu. Rev. Psychol*. 2013; 64: 361–88, doi:10.1146/annurev-psych-113011-143809.

16. Parsons, F. *Choosing a Vocation*. Boston, MA: Houghton Mifflin (1909).

17. Schein, EH. Coming to a new awareness of organizational culture. *Sloan Manage. Rev*. 1984; 25(2): 3.

18. Schein, EH. *Organizational Culture and Leadership*. San Francisco: John Wiley & Sons (2010), doi:10.1016/j.sbspro.2011.12.156.

19. Van Iddekinge, CH, Roth, PL, Raymark, PH and Odle-Dusseau, HN. The criterion-related validity of integrity tests: An updated meta-analysis. *J. Appl. Psychol.* 2012; 97(3): 499–530, doi:10.1037/a0021196.

20. Schneider, B, Ehrhart, MG and Macey, WH. Organizational climate and culture. *Annu. Rev. Psychol*. 2013; 64: 361–88, doi:10.1146/annurev-psych-113011-143809.

21. Hogan, R, Kaiser, RB and Chamorro-Premuzic, T. An evolutionary view of organizational culture. *Oxford Handb. Organ. Clim. Cult*. 2013: 1–27.

22. Hogan, R and Chamorro-Premuzic, T. Personality and the laws of history. *Wiley-Blackwell Handb. Individ. Differ.* 2013; (2007): 491–511, doi:10.1002/9781444343120.ch18.

23. Kahn, WA. Psychological conditions of personal engagement and disengagement at work. *Acad. Manag. J.* 1990; 33(4): 692–724, doi:10.2307/256287.

24. Dreyfus, HL and Wrathall, MA. *A Companion to Heidegger.* Oxford: Blackwell Publishing (2007), doi:10.1002/9780470996492.

25. Csikszentmihalyi, M. The flow experience and its significance for human psychology. In: *Optimal Experience: Psychological Studies of Flow in Consciousness*, eds. M Csikszentmihalyi and IS Csikszentmihalyi. Cambridge: Cambridge UP (1988), pp.15–35, doi:10.1017/CBO9780511621956.002.

26. Xanthopoulou, D, Bakker, AB, Demerouti, E and Schaufeli, WB. Reciprocal relationships between job resources, personal resources, and work engagement. *J. Vocat. Behav*. 2009; 74(3): 235–44, doi:10.1016/j.jvb.2008.11.003.

27. Akhtar, R, Boustani, L, Tsivrikos, D and Chamorro-Premuzic, T. The engageable personality: Personality and trait EI as predictors of work engagement. *Pers. Individ. Dif.* 2015; 73: 44–9, doi:10.1016/j.paid.2014.08.040.

28. Inceoglu, I and Warr, P. Personality and job engagement. *J. Pers. Psychol.* 2011; 10(4): 177–81, doi:10.1027/1866-5888/a000045.

29. Kaiser, RB. The accountability crisis: An overlooked cause of disengagement. Presented in the Dark Side of Engagement Symposium at the 30th Annual Conference of the Society for Industrial–Organizational Psychology (R. Hogan, Chair), April 2015, Philadelphia, PA.

第五章

1. Olson, JM, Vernon, PA, Harris, J and Jang, KL. The heritability of attitudes: A study of twins. *J. Pers. Soc. Psychol*. 2001; 80(6): 845–60, doi:10.1037/0022-3514.80.6.845.

2. Ackerman, PL. Nonsense, common sense, and science of expert performance: Talent and individual differences. *Intelligence* 2014; 45(1): 6–17, doi:10.1016/j.intell.2013.04.009.

3. Cahan, S and Cohen, N. Age versus schooling effects on intelligence development. *Child Dev.* 1989; 60(5): 1239–49, doi:10.2307/1130797.

4. Deary, IJ, Yang, J, Davies, G et al. Genetic contributions to stability and change in intelligence from childhood to old age. *Nature* 2012; 482(7384): 212–15, doi:10.1038/nature10781.
5. Canivez, GL and Watkins, MW. Long-term stability of the Wechsler Intelligence Scale for Children – Third Edition. *Psychol. Assess.* 1998; 10(3): 285–91, doi:10.1037/1040-3590.10.3.285.
6. Sameroff, AJ, Seifer, R, Baldwin, A and Baldwin, C. Stability of intelligence from preschool to adolescence: The influence of social and family risk factors. *Child Dev.* 1993; 64(1): 80–97, doi:10.1111/j.1467-8624.1993.tb02896.x.
7. Salthouse, TA. When does age-related cognitive decline begin? *Neurobiol. Aging* 2009; 30(4): 507–14, doi:10.1016/j.neurobiolaging.2008.09.023.
8. Hausknecht, JP, Halpert, JA, Di Paolo, NT and Moriarty Gerrard, MO. Retesting in selection: A meta-analysis of coaching and practice effects for tests of cognitive ability. *J. Appl. Psychol.* 2007; 92(2): 373–85, doi:10.1037/0021-9010.92.2.373.
9. http://money.cnn.com/2016/01/05/technology/lumosity-brain-train-app-ftc-settlement/
10. Ackerman, PL and Rolfhus, EL. The locus of adult intelligence: Knowledge, abilities, and nonability traits. *Psychol. Aging* 1999; 14(2): 314–30, doi:10.1037/0882-7974.14.2.314.
11. Ackerman, PL, Beier, ME and Boyle, MO. Working memory and intelligence: The same or different constructs? *Psychol. Bull.* 2005; 131(1): 30–60, doi:10.1037/0033-2909.131.1.30.
12. Hudson, NW and Roberts, BW. Goals to change personality traits: Concurrent links between personality traits, daily behavior, and goals to change oneself. *J. Res. Pers.* 2014; 53: 68–83, doi:10.1016/j.jrp.2014.08.008.
13. Guttman, L. Review of *Quiet: The power of introverts in a world that can't stop talking. J. Am. Acad. Child Adolesc. Psychiatry* 2014; 53(6): 705–7, doi:10.1016/j.

jaac.2014.04.007.

14. Srivastava, S, John, OP, Gosling, SD and Potter, J. Development of personality in early and middle adulthood: Set like plaster or persistent change? *J. Pers. Soc. Psychol.* 2003; 84(5): 1041–53, doi:10.1037/0022-3514.84.5.1041.
15. Roberts, BW, Walton, KE and Viechtbauer, W. Patterns of mean-level change in personality traits across the life course: A meta-analysis of longitudinal studies. *Psychol. Bull.* 2006; 132(1): 1–25, doi:10.1037/0033-2909.132.1.1.
16. Allemand, M, Zimprich, D and Hendriks, AAJ. Age differences in five personality domains across the life span. *Dev. Psychol.* 2008; 44(3): 758–70, doi:10.1037/0012-1649.44.3.758.
17. Roberts, BW and Del Vecchio, WF. The rank-order consistency of personality traits from childhood to old age: A quantitative review of longitudinal studies. *Psychol. Bull.* 2000; 126(1): 3–25, doi:10.1037/0033-2909.126.1.3.
18. Brickman, P, Coates, D and Janoff-Bulman, R. Lottery winners and accident victims: Is happiness relative? *J. Pers. Soc. Psychol.* 1978; 36(8): 917–27, doi:10.1037/0022-3514.36.8.917.
19. Diener, E, Suh, EM, Lucas, RE and Smith, HL. Subjective well-being: Three decades of progress. *Psychol. Bull.* 1999; 125: 276–302, doi:10.1037/0033-2909.125.2.276.
20. Kern, ML, Friedman, HS, Martin, LR, Reynolds, CA and Luong, G. Conscientiousness, career success, and longevity: A lifespan analysis. *Ann. Behav. Med.* 2009; 37(2): 154–63, doi:10.1007/s12160-009-9095-6.
21. Soldz, S and Vaillant, GE. The big five personality traits and the life course: A 45-year longitudinal study. *J. Res. Pers.* 1999; 33(2): 208–32, doi:10.1006/jrpe.1999.2243.
22. Caspi, A, Moffitt, TE, Newman, DL and Silva, PA. Behavioral observations at age 3 years predict adult psychiatric disorders: Longitudinal evidence from a birth cohort.

Arch. Gen. Psychiatry 1996; 53(11): 1033–9, doi:10.1001/archpsyc.1996.01830110071009.

23. Friedman, HS, Kern, ML and Reynolds, CA. Personality and health, subjective well-being, and longevity. *J. Pers*. 2010; 78(1): 179–216, doi:10.1111/j.1467-6494.2009.00613.x.
24. DeNeve, KM and Cooper, H. The happy personality: A meta analysis of 137 personality traits and subjective well-being. *Psychol. Bull.* 1998; 124(2): 197–229, doi:10.1037/0033-2909.124.2.197.
25. Weiss, A, Bates, TC and Luciano, M. Happiness is a personal(ity) thing: The genetics of personality and well-being in a representative sample: Research report. *Psychol. Sci.* 2008; 19(3): 205–10, doi:10.1111/j.1467-9280.2008.02068.x.
26. Diener, E and Oishi, S. Money and happiness: Income and subjective well-being across nations. In: *Culture and Subjective Well-Being*, eds. E Diener and EM Suh. Cambridge, MA: MIT Press, pp.185–218, doi:10.1.1.208.4409.
27. Ariely, D. *Predictably Irrational*. New York: HarperCollins (2008), p.294, doi:10.2501/S1470785309200992.
28. Hudson, NW and Fraley, RC. Volitional personality trait change: Can people choose to change their personality traits? *J. Pers. Soc. Psychol*. 2015; 108(4): 1–18, doi:10.1037/pspp0000021.
29. Dickens, WT and Flynn, JR. Heritability estimates versus large environmental effects: The IQ paradox resolved. *Psychol. Rev*. 2001; 108(2): 346–69, doi:10.1037/0033-295X.108.2.346.
30. Hall, DT, Otazo, KL and Hollenbeck, GP. Behind closed doors: What really happens in executive coaching. *Organ. Dyn.* 1999; 27(3): 39–53, doi:10.1016/S0090-2616(99)90020-7.
31. Sherman, SA. The Wild West of executive coaching. *Harv. Bus. Rev.* 2004; 82(11): 82–90.

32. Theeboom, T, Beersma, B and van Vianen, AEM. Does coaching work? A meta-analysis on the effects of coaching on individual level outcomes in an organizational context. *J. Posit. Psychol.* 2014; 9(1): 1–18, doi:10.1080/17439760.2013.837499.

33. Grant, AM. The impact of life coaching on goal attainment, metacognition and mental health. *Soc. Behav. Personal. Int. J.* 2003; 31(3): 253–63, doi:10.2224/sbp.2003.31.3.253.

34. Ely, K, Boyce, LA, Nelson, JK, Zaccaro, SJ, Hernez-Broome, G and Whyman, W. Evaluating leadership coaching: A review and integrated framework. *Leadersh. Q.* 2010; 21(4): 585–99, doi:10.1016/j.leaqua.2010.06.003.

35. Peterson, DB. Measuring change: A psychometric approach to evaluating individual coaching outcomes. Presented at the annual conference of the Society for Industrial and Organizational Psychology, April 1993, San Francsico, CA.

36. Theeboom, T, Beersma, B and van Vianen AEM. Does coaching work? A meta-analysis on the effects of coaching on individual level outcomes in an organizational context. *J. Posit. Psychol.* 2014; 9(1): 1–18, doi:10.1080/17439760.2013.837499.

37. Luthans, F and Peterson, SJ. 360-degree feedback with systematic coaching: Empirical analysis suggests a winning combination. *Hum. Resour. Manage.* 2003; 42(3): 243–56, doi:10.1002/hrm.10083.

38. Richardson, KM and Rothstein, HR. Effects of occupational stress management intervention programs: A meta-analysis. *J. Occup. Health Psychol.* 2008; 13(1): 69–93, doi:10.1037/1076-8998.13.1.69.

39. Kotsou, I, Nelis, D, Grégoire, J and Mikolajczak, M. Emotional plasticity: Conditions and effects of improving emotional competence in adulthood. *J. Appl. Psychol.* 2011; 96(4): 827–39, doi:10.1037/a0023047.

40. Andrews, G and Harvey, R. Does psychotherapy benefit neurotic patients? A reanalysis of Smith, Glass, and Miller data. *Arch. Gen. Psychiatry* 1981; 38(11): 1203–8.

41. Aguinis, H, Culpepper, SA and Pierce, CA, Differential prediction generalization

in college admissions testing. *J. Edu. Psychol*. 2016; 108(7): 1045–59.

42. Butler, A, Chapman, J, Forman, E and Beck, A. The empirical status of cognitive-behavioral therapy: A review of meta-analyses. *Clin. Psychol. Rev.* 2006; 26(1): 17–31, doi:10.1016/j.cpr.2005.07.003.
43. Bond, FW, Hayes, SC, Baer, RA et al. Preliminary psychometric properties of the Acceptance and Action Questionnaire-II: A revised measure of psychological inflexibility and experiential avoidance. *Behav. Ther.* 2011; 42(4): 676–88, doi:10.1016/j.beth.2011.03.007.
44. Baumeister, RF, Campbell, JD, Krueger, JI and Vohs, KD. Does high self-esteem cause better performance, interpersonal success, happiness, or healthier lifestyles? *Psychol. Sci. Public Interes.* 2003; 4(1): 1–44, doi:10.1111/1529-1006.01431.
45. De Haan, E, Culpin, V and Curd, J. Executive coaching in practice: What determines helpfulness for clients of coaching? *Pers. Rev.* 2011; 40(1): 24–44, doi:10.1108/00483481111095500.
46. Gaddis, BH and Foster, JL. Meta-analysis of dark side personality characteristics and critical work behaviors among leaders across the globe: Findings and implications for leadership development and executive coaching. *Appl. Psychol.* 2013; 64(1): 25–54, doi:10.1111/apps.12017.
47. Elliott, R, Bohart, AC, Watson, JC and Greenberg, LS. Empathy. *Psychotherapy (Chic.)* 2011; 48(1): 43–9, doi:10.1037/a0022187.
48. Anseel, F, Beatty, AS, Shen, W, Lievens, F and Sackett, PR. How are we doing after 30 years? A meta-analytic review of the antecedents and outcomes of feedback-seeking behavior. *J. Manag.* 2015; 41: 318–48, doi:10.1177/0149206313484521.
49. Theeboom, T, Beersma, B and van Vianen, AEM. Does coaching work? A meta-analysis on the effects of coaching on individual level outcomes in an organizational context. *J. Posit. Psychol.* 2014; 9(1): 1–18, doi:10.1080/17439760.2013.837499.
50. McCauley, CD and Hezlett, SA. Individual development in the workplace. In: *APA*

Handbook of Industrial, Work and Organizational Psychology, Vol. 1: Personnel Psychology. Washington, DC: APA (2001), pp.313–35.

51. Bozer, G, Sarros, C and Santora, J. Academic background and credibility in executive coaching effectiveness. *Pers. Rev.* 2014; 43(6): 881–97, doi:10.1108/PR-10-2013-0171.
52. Witherspoon, R. Double-loop coaching for leadership development. *J. Appl. Behav. Sci.* 2014; 50(3): 261–83, doi:10.1177/0021886313510032.
53. Bozer, G, Sarros, C and Santora, J. Academic background and credibility in executive coaching effectiveness. *Pers. Rev.* 2014; 43(6): 881–97, doi:10.1108/PR-10-2013-0171.
54. Joo, B-K. Executive coaching: A conceptual framework from an integrative review of practice and research. *Hum. Resour. Dev. Rev*. 2005; 4(4): 462–88, doi:10.1177/1534484305280866.
55. Ibid.
56. Collins, DB and Ui, EFH. The effectiveness of managerial leadership development programs: A meta-anaysis of studies from 1982 to 2001. *Hum. Resour. Dev. Q.* 2004; 15(2): 217–48, doi:10.1002/hrdq.1099.
57. Arthur Jr, W, Bennett Jr, W, Edens, PS and Bell, ST. Effectiveness of training in organizations: A meta-analysis of design and evaluation features. *J. Appl. Psychol.* 2003; 88(2): 234–45, doi:10.1037/0021-9010.88.2.234.
58. Day, DV, Fleenor, JW, Atwater, LE, Sturm, RE and McKee, RA. Advances in leader and leadership development: A review of 25 years of research and theory. *Leadersh. Q.* 2014; 25(1): 63–82, doi:10.1016/j.leaqua.2013.11.004.
59. de Kets, MFR. Leadership group coaching in action: The Zen of creating high performance teams. *Acad. Manag. Perspect.* 2005; 19(1): 61–76, doi:10.5465/AME.2005.15841953.
60. Kluger, AN and DeNisi, A. The effects of feedback interventions on performance: A

historical review, a meta-analysis, and a preliminary feedback intervention theory. *Psychol. Bull.* 1996; 119(2): 254–84, doi:10.1037/0033-2909.119.2.254.

61. Wood, AM, Linley, PA, Maltby, J, Kashdan, TB and Hurling, R. Using personal and psychological strengths leads to increases in well-being over time: A longitudinal study and the development of the strengths use questionnaire. *Pers. Individ. Dif.* 2011; 50(1): 15–19, doi:10.1016/j.paid.2010.08.004.
62. Felin, T and Hesterly, WS. The knowledge-based view, nested heterogeneity, and new value creation: Philosophical considerations on the locus of knowledge. *Acad. Manag. Rev.* 2007; 32(1): 195–218, doi:10.5465/AMR.2007.23464020.
63. Grant, AM and Schwartz, B. Too much of a good thing: The challenge and opportunity of the inverted U. *Perspect. Psychol. Sci.* 2011; 6(1): 61–76, doi:10.1177/1745691610393523.
64. Pfeffer, J. *Leadership BS: Fixing Workplaces and Careers One Truth at a Time.* New York: Harper Business (2015).
65. Andersen, SM and Chen, S. The relational self: An interpersonal social-cognitive theory. *Psychol. Rev.* 2002; 109(4): 619–45, doi:10.1037/0033-295X.109.4.619.
66. Atwater, LE and Yammarino, FJ. Does self–other agreement on leadership perceptions moderate the validity of leadership and performance predictions? *Pers. Psychol.* 1992; 45(1): 141–64, doi:10.1111/j.1744-6570.1992.tb00848.x.
67. Freund, PA and Kasten, N. How smart do you think you are? A meta-analysis on the validity of self-estimates of cognitive ability. *Psychol. Bull.* 2012; 138(2): 296–321, doi:10.1037/a0026556.
68. Heidemeier, H and Moser, K. Self–other agreement in job performance ratings: A meta-analytic test of a process model. *J. Appl. Psychol.* 2009; 94(2): 353–70, doi: 10.1037/0021-9010.94.2.353.
69. Harms, PD and Crede, M. Emotional intelligence and transformational and transactional leadership: A meta-analysis. *J. Leadersh. Organ. Stud.* 2010; 17(1): 5–17,

doi:10.1177/1548051809350894.

70. Kampa-Kokesch, S and Anderson, MZ. Executive coaching: A comprehensive review of the literature. *Consult. Psychol. J. Pract. Res.* 2001; 53(4): 205–28, doi:10.1037//1061-4087.53.4.205.

71. Seifert, CF and Yukl, GA. Effects of repeated multi-source feedback on the influence behavior and effectiveness of managers: A field experiment. *Leadersh. Q.* 2010; 21(5): 856–66, doi:10.1016/j.leaqua.2010.07.012.

72. Kluger, AN and DeNisi, A. The effects of feedback interventions on performance: A historical review, a meta-analysis, and a preliminary feedback intervention theory. *Psychol. Bull.* 1996; 119(2): 254–84, doi:10.1037/0033-2909.119.2.254.

73. Anseel, F, Beatty, AS, Shen, W, Lievens, F and Sackett, PR. How are we doing after 30 years? A meta-analytic review of the antecedents and outcomes of feedback-seeking behavior. *J. Manag.* 2015; 41: 318–48. doi:10.1177/0149206313484521.

74. Smither, JW, London, M, Flautt, R, Vargas, Y and Kucine, I. Can working with an executive coach improve multisource feedback ratings over time? A quasi-experimental field study. *Pers. Psychol.* 2003; 56: 23–44, doi:10.1111/j.1744-6570.2003.tb00142.x.

75. Day, DV, Fleenor, JW, Atwater, LE, Sturm, RE and McKee RA. Advances in leader and leadership development: A review of 25 years of research and theory. *Leadersh. Q.* 2014; 25(1): 63–82, doi:10.1016/j.leaqua.2013.11.004.

76. Warech, MA, Smither, JW, Reilly, RR, Millsap, RE and Reilly, SP. Self-monitoring and 360-degree ratings. *Leadersh. Q.* 1998; 9(4): 449–73, doi:10.1016/S1048-9843(98)90011-X.

77. Luthans, F and Peterson, SJ. 360-degree feedback with systematic coaching: Empirical analysis suggests a winning combination. *Hum. Resour. Manage.* 2003; 42(3): 243–56, doi:10.1002/hrm.10083.

78. Witherspoon, R and White, RP. Executive coaching: A continuum of roles. *Consult.*

Psychol. J. Pract. Res. 1996; 48(2): 124–33, doi:10.1037//1061-4087.48.2.124.

79. Polivy, J and Herman, CP. The false-hope syndrome: Unfulfilled expectations of self-change. *Curr. Dir. Psychol. Sci.* 2000; 9(4): 128–31, doi:10.1111/1467-8721.00076.
80. Oh, I-S, Wang, G and Mount, MK. Validity of observer ratings of the five-factor model of personality traits: A meta-analysis. *J. Appl. Psychol.* 2011; 96(4): 762–73, doi:10.1037/a0021832.
81. Connelly, BS and Ones, DS. Another perspective on personality: Meta-analytic integration of observers' accuracy and predictive validity. *Psychol. Bull.* 2010; 136(6): 1092–122, doi:10.1037/a0021212.

第六章

1. Wille, B and de Fruyt, F. Fifty shades of personality: Integrating five-factor model bright and dark sides of personality at work. *Ind. Organ. Psychol.* 2014; 7(1): 121–6, doi:10.1111/iops.12119.
2. Mazar, N and Ariely, D. Dishonesty in everyday life and its policy implications. *J. Pub. Pol. Market.* 2006: 25(1): 117–26, doi:10.1509/jppm.25.1.117.
3. http://www.nytimes.com/2014/01/22/business/economy/the-cost-of-the-financial-crisis-is-still-being-tallied.html.
4. Dalal, DK and Nolan, KP. Using dark side personality traits to identify potential failure. *Ind. Organ. Psychol.* 2009; 2(2009): 434–6, doi:10.1111/j.1754-9434.2009.01169.x.
5. O'Boyle, EH, Forsyth, DR, Banks, GC and McDaniel, MA. A meta-analysis of the dark triad and work behavior: A social exchange perspective. *J. Appl. Psychol.* 2012; 97(3): 557–79, doi:10.1037/a0025679.
6. Spector, PE and Fox, S. The stressor-emotion model of counterproductive work behavior. In *Counterproductive Work Behavior. Investigations of Actors and Targets.*

Washingon, DC: APA (2005), pp.151–74, doi:10.1037/10893-007.

7. Ng, TWH and Feldman, DC. How broadly does education contribute to job performance? *Pers. Psychol.* 2009; 62: 89–134, doi:10.1111/j.1744-6570.2008.01130.x.
8. Campbell, JP and Wiernik, BM. The modeling and assessment of work performance. *Annu. Rev. Organ. Pyschol. Organ. Behav.* 2015; 2: 47–74, doi:10.1146/annurev-orgpsych-032414-111427.
9. Spector, PE. The relationship of personality to counterproductive work behavior (CWB): An integration of perspectives. *Hum. Resour. Manag. Rev.* 2010; 21(4): 342–52, doi:10.1016/j.hrmr.2010.10.002.
10. Sackett, PR and DeVore, CJ. Counterproductive behaviors at work. In: *APA Handbook of Industrial, Work and Organizational Psychology, Vol. 1: Personnel Psychology.* Washington, DC: APA (2001), pp.145–64, doi:10.4135/9781848608320.n9.
11. Hogan, R and Hogan, J. Assessing leadership : A view from the dark side. *Int. J. Sel. Assess.* 2001; 9(1/2): 40–51, doi:10.1111/1468-2389.00162.
12. O'Boyle, EH, Forsyth, DR, Banks, GC and McDaniel, MA. A meta-analysis of the dark triad and work behavior: A social exchange perspective. *J. Appl. Psychol.* 2012; 97(3): 557–79, doi:10.1037/a0025679.
13. Panek, ET, Nardis, Y and Konrath, S. Mirror or megaphone? How relationships between narcissism and social networking site use differ on Facebook and Twitter. *Comput. Human Behav.* 2013; 29(5): 2004–12, doi:http://dx.doi.org/10.1016/j.chb.2013.04.012.
14. Yarkoni, T. Personality in 100,000 words: A large-scale analysis of personality and word use among bloggers. *J. Res. Pers.* 2010; 44(3): 363–73, doi:10.1016/j.jrp.2010.04.001.
15. Paulhus, D and Williams, K. The dark triad of personality: Narcissism, Machiavellianism, and psychopathy. *J. Res. Pers.* 2002; 36: 556–63, doi: 10.1016/S0092-6566(02)00505-6

16. Jonason, PK and Kavanagh, P. The dark side of love: Love styles and the Dark Triad. *Pers. Individ. Dif.* 2010; 49(6): 606–10, doi:10.1016/j.paid.2010.05.030.
17. Isaacson, W. *Steve Jobs*. New York: Simon & Schuster (2011), p.112.
18. http://www.economist.com/news/briefing/21689539-primary-contest-about-get-serious-it-has-rarely-been-so-ugly-uncertain-or.
19. Jonason, PK and Kavanagh, P. The dark side of love: Love styles and the dark triad. *Pers. Individ. Dif.* 2010; 49(6): 606–10, doi:10.1016/j.paid.2010.05.030.
20. Grijalva, E and Harms, P. Narcissism: An integrative synthesis and dominance complementarity model. *Acad. Manag. Perspect*. 2013; 28(2): 1–56, doi:10.5465/amp.2012.0048.
21. O'Boyle, EH, Forsyth, DR, Banks, GC and McDaniel, MA. A meta-analysis of the dark triad and work behavior: A social exchange perspective. *J. Appl. Psychol.* 2012; 97(3): 557–79, doi:10.1037/a0025679.
22. Bruk-Lee, V, Khoury, HA, Nixon, AE, Goh, A and Spector, PE. Replicating and extending past personality/job satisfaction meta-analyses. *Hum. Perform.* 2009; 22(2): 156–89, doi:10.1080/08959280902743709.
23. Judge, TA, LePine, JA and Rich, BL. Loving yourself abundantly: Relationship of the narcissistic personality to self and other perceptions of workplace deviance, leadership, and task and contextual performance. *J. Appl. Psychol.* 2006; 91(4): 762–76, doi:10.1037/0021-9010.91.4.762.
24. Grijalva, E and Harms, P. Narcissism: An integrative synthesis and dominance complementarity model. *Acad. Manag. Perspect*. 2013; 28(2): 1–56, doi:10.5465/amp.2012.0048.
25. Brunell, AB, Gentry, WA, Campbell, WK, Hoffman, BJ, Kuhnert, KW and Demarree, KG. Leader emergence: The case of the narcissistic leader. *Pers. Soc. Psychol. Bull.* 2008; 34(12): 1663–76, doi:10.1177/0146167208324101.
26. Chatterjee, A and Hambrick, DC. Executive officers and their effects on company

strategy and performance. *Adm. Sci. Q*. 2007; 52: 351–86.

27. Campbell, WK, Hoffman, BJ, Campbell, SM and Marchisio, G. Narcissism in organizational contexts. *Hum. Resour. Manag. Rev*. 2010; 21(4): 268–84, doi:10.1016/j.hrmr.2010.10.007.
28. O'Boyle, EH, Forsyth, DR, Banks, GC and McDaniel MA. A meta-analysis of the dark triad and work behavior: A social exchange perspective. *J. Appl. Psychol.* 2012; 97(3): 557–79, doi:10.1037/a0025679.
29. Grijalva, E and Harms, P. Narcissism: An integrative synthesis and dominance complementarity model. *Acad. Manag. Perspect.* 2013; 28(2): 1–56, doi:10.5465/amp.2012.0048.
30. Paulhus, D. Interpersonal and intrapsychic adaptiveness of trait self-enhancement: A mixed blessing? *J. Pers. Soc. Psychol*. 1998; 74(5): 1197–208, doi:10.1037/0022-3514.74.5.1197.
31. Bushman, BJ and Baumeister, RF. Threatened egotism, narcissism, self-esteem, and direct and displaced aggression: Does self-love or self-hate lead to violence? *J. Pers. Soc. Psychol*. 1998; 75(1): 219–29, doi:10.1037/0022-3514.75.1.219.
32. Grijalva, E and Harms, P. Narcissism: An integrative synthesis and dominance complementarity model. *Acad. Manag. Perspect.* 2013; 28(2): 1–56, doi:10.5465/amp.2012.0048.
33. https://www.washingtonpost.com/news/morning-mix/wp/2015/12/02/mark-zuckerberg-bill-gates-warren-buffett-and-triumph-of-competitive-philanthropy/
34. O'Boyle, EH, Forsyth, DR, Banks, GC and McDaniel, MA. A meta-analysis of the dark triad and work behavior: A social exchange perspective. *J. Appl. Psychol.* 2012; 97(3): 557–79, doi:10.1037/a0025679.
35. Smith, SF and Lilienfeld, SO. Psychopathy in the workplace: The knowns and unknowns. *Aggress. Violent Behav.* 2013; 18(2): 204–18, doi:10.1016/j.avb.2012.11.007.

36. Babiak, P, Neumann, CS and Hare, RD. Corporate psychology: Talking the walk. *Behav. Sci. Law* 2010; 28: 174–93, doi:10.1002/bsl.925.

37. Smith, SF and Lilienfeld, SO. Psychopathy in the workplace: The knowns and unknowns. *Aggress. Violent Behav*. 2013; 18(2): 204–18, doi:10.1016/j.avb.2012.11.007.

38. Mathieu, C, Hare, RD, Jones, DN, Babiak, P and Neumann, CS. Factor structure of the B-Scan 360: A measure of corporate psychopathy. *Psychol. Assess*. 2012; 25(1): 288–93, doi:10.1037/a0029262.

39. Caponecchia, C, Sun, AYZ and Wyatt, A. 'Psychopaths' at work? Implications of lay persons' use of labels and behavioural criteria for psychopathy. *J. Bus. Ethics* 2012; 107(4): 399–408, doi:10.1007/s10551-011-1049-9.

40. Scherer, KT, Baysinger, M, Zolynsky, D and LeBreton, JM. Predicting counter-productive work behaviors with sub-clinical psychopathy: Beyond the five factor model of personality. *Pers. Individ. Dif*. 2013; 55(3): 300–305, doi:10.1016/j.paid.2013.03.007.

41. Babiak, P, Neumann, CS and Hare, RD. Corporate psychopathy: Talking the walk. *Behav. Sci. Law* 2010; 28(2): 174–93, doi:10.1002/bsl.925.

42. Akhtar, R, Ahmetoglu, G and Chamorro-Premuzic, T. Greed is good? Assessing the relationship between entrepreneurship and subclinical psychopathy. *Pers. Individ. Dif.* 2013; 54(3): 420–25, doi:10.1016/j.paid.2012.10.013.

43. Ali, F, Amorim, IS and Chamorro-Premuzic, T. Empathy deficits and trait emotional intelligence in psychopathy and Machiavellianism. *Pers. Individ. Dif.* 2009; 47(7): 758–62, doi:10.1016/j.paid.2009.06.016.

44. Osumi, T and Ohira, H. The positive side of psychopathy: Emotional detachment in psychopathy and rational decision-making in the ultimatum game. *Pers. Individ. Dif.* 2010; 49(5): 451–6, doi:10.1016/j.paid.2010.04.016.

45. Chiaburu DS, Muñoz, GJ and Gardner, RG. How to spot a careerist early on: Psy-

chopathy and exchange ideology as predictors of careerism. *J. Bus. Ethics* 2013; 118(3): 473–86, doi:10.1007/s10551-012-1599-5.

46. Mathieu, C, Neumann, C, Babiak, P and Hare, RD. Corporate psychopathy and the full-range leadership model. *Assessment* 2015; 22(3): 267–78, doi:10.1177/1073191114545490.

47. Mathieu, C, Neumann, CS, Hare, RD and Babiak, P. A dark side of leadership: Corporate psychopathy and its influence on employee well-being and job satisfaction. *Pers. Individ. Dif.* 2014; 59: 83–8, doi:10.1016/j.paid.2013.11.010.

48. Viding, E, McCrory, E and Seara-Cardoso, A. Psychopathy. *Curr. Biol.* 2014; 24(18): R871–4, doi:10.1016/j.cub.2014.06.055.

49. Machiavelli, N. *The Prince*. Oxford: Oxford UP (2005; orig. pub. 1532).

50. Ali, F, Amorim, IS and Chamorro-Premuzic, T. Empathy deficits and trait emotional intelligence in psychopathy and Machiavellianism. *Pers. Individ. Dif.* 2009; 47(7): 758–62, doi:10.1016/j.paid.2009.06.016.

51. Witt, LA and Ferris, GR. Social skill as moderator of the conscientiousness-performance relationship: Convergent results across four studies. *J. Appl. Psychol.* 2003; 88(5): 809–21, doi:10.1037/0021-9010.88.5.809.

52. O'Boyle, EH, Forsyth, DR, Banks, GC and McDaniel, MA. A meta-analysis of the dark triad and work behavior: A social exchange perspective. *J. Appl. Psychol.* 2012; 97(3): 557–79, doi:10.1037/a0025679.

53. Kish-Gephart, JJ, Harrison, DA and Treviño, LK. Bad apples, bad cases, and bad barrels: Meta-analytic evidence about sources of unethical decisions at work. *J. Appl. Psychol.* 2010; 95(1): 1–31, doi:10.1037/a0017103.

54. Furnham, A, Trickey, G and Hyde, G. Bright aspects to dark side traits: Dark side traits associated with work success. *Pers. Individ. Dif.* 2012; 52(8): 908–13, doi:10.1016/j.paid.2012.01.025.

55. Khoo, HS and Burch, GSJ. The 'dark side' of leadership personality and transforma-

tional leadership: An exploratory study. *Pers. Individ. Dif.* 2008; 44(1): 86–97, doi: 10.1016/j.paid.2007.07.018.

56. Horney, K. Neurosis and human growth. *Am. Scholar.* 1950; 19(4): 409–21.
57. Nelson, E and Hogan, R. Coaching on the dark side. *Int. Coach. Psychol. Rev.* 2009; 4(1): 7–19.
58. Harms, PD, Spain, SM and Hannah, ST. Leader development and the dark side of personality. *Leadersh. Q.* 2011; 22(3): 495–509, doi:10.1016/j.leaqua.2011.04.007.
59. Robins, RW and John, OP. Effects of visual perspective and narcissism on self-perception: Is seeing believing? *Psychol. Sci.* 1997; 8(1): 37–42, doi:10.1111/j.1467-9280.1997.tb00541.x.
60. Chatterjee, A and Hambrick, DC. Executive officers and their effects on company strategy and performance. *Adm. Sci. Q.* 2007; 52: 351–86.
61. Padilla, A, Hogan, R and Kaiser, RB. The toxic triangle: Destructive leaders, susceptible followers, and conducive environments. *Leadersh. Q.* 2007; 18(3): 176–94, doi:10.1016/j.leaqua.2007.03.001.
62. Blair, CA, Hoffman, BJ and Helland, KR. Narcissism in organizations: A multisource appraisal reflects different perspectives. *Hum. Perform.* 2008; 21(3): 254–76, doi:10.1080/08959280802137705.
63. Judge, TA, LePine, JA and Rich, BL. Loving yourself abundantly: Relationship of the narcissistic personality to self and other perceptions of workplace deviance, leadership, and task and contextual performance. *J. Appl. Psychol.* 2006; 91(4): 762–76, doi:10.1037/0021-9010.91.4.762.
64. Baumeister, RF, Campbell, JD, Krueger, JI and Vohs, KD. Does high self-esteem cause better performance, interpersonal success, happiness, or healthier lifestyles? *Psychol. Sci. Public Interes.* 2003; 4(1): 1–44, doi:10.1111/1529-1006.01431.
65. Hayward, M and Hambrick, D. Explaining the premiums paid for large acquisitions: Evidence of CEO hubris. *Adm. Sci. Q.* 1997; 42(1): 103–27, doi:10.2307/2393810.

66. Almlund, M, Duckworth, AL, Heckman, J and Kautz, T. *Personality Psychology and Economics*. 2011. NBER Working Paper No. 16822, doi:10.1016/B978-0-444-53444-6.00001-8.

67. Judge, TA, Bono, JE, Ilies, R and Gerhardt, MW. Personality and leadership: A qualitative and quantitative review. *J. Appl. Psychol.* 2002; 87(4): 765–80, doi:10.1037//0021-9010.87.4.765.

68. Hogan, R, Curphy, GJ and Hogan, J. What we know about leadership: Effectiveness and personality. *Am. Psychol.* 1994; 49(6): 493–504, doi:10.1037/0003-066X.49.6.493.

69. Van Velsor, E and Leslie, JB. Why executives derail: Perspectives across time and cultures. *Acad. Manag. Perspect.* 1995; 9(4): 62–72, doi:10.5465/AME.1995.951 2032194.

70. Khoo, HS and Burch, GSJ. The 'dark side' of leadership personality and transformational leadership: An exploratory study. *Pers. Individ. Dif.* 2008; 44(1): 86–97, doi: 10.1016/j.paid.2007.07.018.

71. Judge, TA, Piccolo, RF and Kosalka, T. The bright and dark sides of leader traits: A review and theoretical extension of the leader trait paradigm. *Leadersh. Q.* 2009; 20(6): 855–75, doi:10.1016/j.leaqua.2009.09.004.

72. Furnham, A, Trickey, G and Hyde, G. Bright aspects to dark side traits: Dark side traits associated with work success. *Pers. Individ. Dif.* 2012; 52(8): 908–13, doi:10.1016/j.paid.2012.01.025.

73. Raskin, R, Novacek, J and Hogan, R. Narcissism, self-esteem, and defensive self-enhancement. *J. Pers.* 1991; 59: 19–38, doi:10.1111/j.1467-6494.1991.tb00766.x.

74. Paulhus, DL, Westlake, BG, Calvez, SS and Harms, PD. Self-presentation style in job interviews: The role of personality and culture. *J. Appl. Soc. Psychol.* 2013; 43(10): 2042–59, doi:10.1111/jasp.12157.

75. Goncalo, JA, Flynn, FJ and Kim, SH. Are two narcissists better than one? The link between narcissism, perceived creativity, and creative performance. *Pers. Soc.*

Psychol. Bull. 2010; 36(11): 1484–95, doi:10.1177/0146167210385109.

76. Grijalva, E and Harms, P. Narcissism: An integrative synthesis and dominance complementarity model. *Acad. Manag. Perspect.* 2013; 28(2): 1–56, doi:10.5465/amp.2012.0048.
77. Hurley, S. Social heuristics that make us smarter. *Philos. Psychol.* 2005; 18(5): 585–612, doi:10.1080/09515080500264214.
78. Gunnthorsdottir, A, McCabe, K and Smith, V. Using the Machiavellianism instrument to predict trustworthiness in a bargaining game. *J. Econ. Psychol.* 2002; 23(1): 49–66, doi:10.1016/S0167-4870(01)00067-8.
79. Binning, JF, LeBreton, JM and Adorno, AJ. Subclinical psychopaths. In: *Comprehensive Handbook of Personality and Psychopathology, Vol. 1: Personality and Everyday Functioning*, eds. JC Thomas and DL Segal. San Francisco, CA: Wiley & Sons (2006), pp.345–63.
80. O'Boyle, EH, Forsyth, DR, Banks, GC and McDaniel, MA. A meta-analysis of the dark triad and work behavior: A social exchange perspective. *J. Appl. Psychol.* 2012; 97(3): 557–79, doi:10.1037/a0025679.
81. De Fruyt, F, Wille, B and Furnham, A. Assessing aberrant personality in managerial coaching: Measurement issues and prevalence rates across employment sectors. *Eur. J. Pers.* 2013; 27(6): 555–64, doi:10.1002/per.1911.
82. Judge, TA, Piccolo, RF and Kosalka, T. The bright and dark sides of leader traits: A review and theoretical extension of the leader trait paradigm. *Leadersh. Q.* 2009; 20(6): 855–75, doi:10.1016/j.leaqua.2009.09.004.

第七章

1. Kurzweil, R. *The Singularity Is Near: When Humans Transcend Biology*. New York: Viking Penguin (2005), doi:10.1016/j.techfore.2005.12.002.
2. https://www.psychologytoday.com/blog/the-narcissism-epidemic/201308/how-

dare-you-say-narcissism-is-increasing.

3. Waugaman, RM. *The Narcissism Epidemic,* by JW Twenge and WK Campbell (review). *Psychiatry Interpers. Biol. Process*. 2011; 74(2): 166–9, doi:10.1521/psyc.2011.74.2.166.
4. Reynolds, EK and Lejuez, CW. Narcissism in the DSM. In: *The Handbook of Narcissism and Narcissistic Personality Disorder: Theoretical Approaches, Empirical Findings, and Treatments*, eds. WK Campbell and JD Miller. Hoboken, NJ. John Wiley & Sons (2011), pp.14–21, doi:10.1002/9781118093108.ch2.
5. Foster, JD, Campbell, WK and Twenge JM. Individual differences in narcissism: Inflated self-views across the lifespan and around the world. *J. Res. Pers*. 2003; 37(6): 469–86, doi:10.1016/S0092-6566(03)00026-6.
6. Stewart, KD and Bernhardt, PC. Comparing millennials to pre-1987 students and with one another. *N. Am. J. Psychol*. 2010; 12(3): 579–602.
7. Twenge, JM and Foster, JD. Birth cohort increases in narcissistic personality traits among American college students, 1982–2009. *Soc. Psychol. Personal. Sci*. 2010; 1(1): 99–106, doi:10.1177/1948550609355719.
8. Freud, S. Group psychology and the analysis of the ego. *Psychoanal. Q*. 1921; 47(1): 1–23, doi:10.1097/00005053-192410000-00117.
9. Church, AH, Rotolo, CT, Margulies, A et al. The role of personality in organization development: A multi-level framework for applying personality to individual, team, and organizational change. *Res. Org. Change Develop*. 2015; 23: 91–166, doi:10.1108/S0897-301620150000023003.
10. Kluger, AN and DeNisi, A. The effects of feedback interventions on performance: A historical review, a meta-analysis, and a preliminary feedback intervention theory. *Psychol. Bull*. 1996; 119(2): 254–84, doi:10.1037/0033-2909.119.2.254.
11. Grijalva, E and Zhang, L. Narcissism and self-insight: A review and meta-analysis of narcissists' self-enhancement tendencies. *Personal. Soc. Psychol. Bull*. 2016;

42(1): 3–24, doi:10.1177/0146167215611636.

12. Atwater, LE and Yammarino, FJ. Does self–other agreement on leadership perceptions moderate the validity of leadership and performance predictions? *Pers. Psychol.* 1992; 45(1): 141–64, doi:10.1111/j.1744-6570.1992.tb00848.x.
13. Van Velsor, E, Taylor, S and Leslie, JB. An examination of the relationships among self-perception accuracy, self-awareness, gender, and leader effectiveness. *Hum. Resour. Manage.*1993; 32(1992): 249–63, doi:10.1002/hrm.3930320205.
14. Harms, PD, Spain, SM and Hannah, ST. Leader development and the dark side of personality. *Leadersh. Q.* 2011; 22(3): 495–509, doi:10.1016/j.leaqua.2011.04.007.
15. Heidemeier, H and Moser, K. Self–other agreement in job performance ratings: A meta-analytic test of a process model. *J. Appl. Psychol.* 2009; 94(2): 353–70, doi: 10.1037/0021-9010.94.2.353.
16. http://qz.com/670841/the-no-1-thing-ceos-want-from-executivecoaching-self-awareness/.
17. Mussel, P. Epistemic curiosity and related constructs: Lacking evidence of discriminant validity. *Pers. Individ. Dif.* 2010; 49(5): 506–10.
18. Kashdan, TB, Gallagher, MW, Silvia, PJ et al. The curiosity and exploration inventory-II: Development, factor structure, and psychometrics. *J. Res. Pers.* 2009; 43(6): 987–98.
19. http://fortune.com/2016/03/03/best-companies-to-work-for-job-openings/.
20. Jepma, M, Verdonschot, RG, van Steenbergen, H, Rombouts, SARB and Nieuwenhuis, S. Neural mechanisms underlying the induction and relief of perceptual curiosity. *Front. Behav. Neurosci.* 2012: 6.
21. Bacon, ES. Curiosity in the American black bear. *Ursus*.1980; 4: 153–7.
22. Berlyne, DE. A theory of human curiosity. *Br. J. Psychol.*1954; 45(3): 180–91.
23. Collins, RP, Litman, JA and Spielberger, CD. The measurement of perceptual curiosity. *Pers. Individ. Dif.* 2004; 36(5): 1127–41.

24. Kang, MJ, Hsu, M, Krajbich, IM et al. The wick in the candle of learning: Epistemic curiosity activates reward circuitry and enhances memory. *Psychol. Sci.* 2009; 20(8): 963–73.

25. Engel, S. Is curiosity vanishing? *J. Am. Acad. Child Adolesc. Psychiatry.* 2009; 48(8):777–9.

26. von Stumm, S, Hell, B and Chamorro-Premuzic, T. The hungry mind: Intellectual curiosity is the third pillar of academic performance. *Perspect. Psychol. Sci.* 2011; 6(6): 574–88.

27. Harrison, SH, Sluss, DM and Ashforth BE. Curiosity adapted the cat: The role of trait curiosity in newcomer adaptation. *J. Appl. Psychol.* 2011; 96(1): 211–20.

28. Mussel, P. Introducing the construct curiosity for predicting job performance. *J. Organ. Behav.* 2013; 34(4): 453–72.

29. Gallagher, MW and Lopez, SJ. Curiosity and well-being. *J. Posit. Psychol.* 2007; 2(4): 236–48.

30. Perlovsky, LI, Bonniot-Cabanac, MC and Cabanac, M. Curiosity and pleasure. Presented at the International Joint Conference on Neural Networks, July 2010, Barcelona, doi:10.1109/IJCNN.2010.5596867.

31. Berlyne, DE. Curiosity and exploration. *Science.* 1966; 153(731): 25–33.

32. Shane, SA. *The Illusions of Entrepreneurship*. New Haven, CT: Yale UP (2008).

33. Parker, SC. Intrapreneurship or entrepreneurship? *J. Bus. Ventur.* 2011; 26(1): 19–34, doi:10.1016/j.jbusvent.2009.07.003.

34. Schmidt, GM and Druehl, CT. When is a disruptive innovation disruptive? *J. Prod. Innov. Manag.* 2008; 25(4): 347–69, doi:10.1111 /j.1540-5885.2008.00306.x.

35. Leunter, F, Ahmetoglu, G and Chamorro-Premuzic, T. Assessing individual differences in entrepreneurial potential and success. *Pers. Individ. Dif.* 2014; 60(2014): S26–S27, doi:10.1016/j.paid.2013.07.035.

36. Simonton, DK. *Creativity in Science: Chance, Logic, Genius, and Zeitgeist.* Cam-

bridge: Cambridge UP (2004).

37. Chamorro-Premuzic, T. *Personality and Individual Differences*, 3rd Edition. Chichester: John Wiley & Sons (2014).

38. Talke, K and Heidenreich, S. How to overcome pro-change bias: Incorporating passive and active innovation resistance in innovation decision models. *J. Prod. Innov. Manag*. 2014; 31(5): 894–907, doi:10.1111/jpim.12130.

39. Cukier, K, and Mayer-Schönberger V. *Big Data: A Revolution That Will Transform How We Live, Work, and Think*. London: John Murray (2013).

40. http://www.economist.com/blogs/graphicdetail/2014/06/daily-chart-1.

41. Youyou, W, Kosinski, M and Stillwell, D. Computer-based personality judgments are more accurate than those made by humans. *Proc. Natl. Acad. Sci.* USA 2015; 112(4): 1036–40, doi:10.1073/pnas.1418680112.

42. Yarkoni, T. Personality in 100,000 words: A large-scale analysis of personality and word use among bloggers. *J. Res. Pers*. 2010; 44(3): 363–73, doi:10.1016/j.jrp.2010.04.001.

43. http://www.ibm.com/smarterplanet/us/en/ibmwatson/developer-cloud/personality-insights.html

44. Davenport, TH, Harris, J and Shapiro, J. Competing on talent analytics. *Harv. Bus. Rev.* 2010; 88: 52–8.

45. Campbell, JP and Wiernik, BM. The modeling and assessment of work performance. *Annu. Rev. Organ. Pyschol. Organ. Behav.* 2015; 2: 47–74, doi:10.1146/annurev-orgpsych-032414-111427.

46. Levashina, J, Hartwell, CJ, Morgeson, FP and Campion, MA. The structured employment interview: Narrative and quantitative review of the research literature. *Pers. Psychol.* 2014; 67(1): 241–93, doi:10.1111/peps.12052.

47. http://www.nytimes.com/2013/05/21/science/mit-scholars-1949-essay-on-machine-age-is-found.html.

48. https://hbr.org/2015/04/should-your-voice-determine-whether-you-get-hired.
49. Werbach, K. (Re)defining gamification: A process approach. *Proceedings of the 9th International Conference on Persuasive Technology.* 2014; 8462: 266–72, doi:10.1007/978-3-319-07127-5_23.
50. http://insanelydriven.archive.lessrain.co.uk/.

第八章

1. Cappelli, P and Keller, J. Talent management: Conceptual approaches and practical challenges. *Annu. Rev. Organ. Psychol. Organ. Behav.* 2014; 1(1): 305–31, doi:10.1146/annurev-orgpsych-031413-091314.
2. Gallardo-Gallardo, E, Dries, N and González-Cruz, TF. What is the meaning of 'talent' in the world of work? *Hum. Resour. Manag. Rev.* 2013; 23(4): 290–300, doi:10.1016/j.hrmr.2013.05.002.
3. Silzer, ROB and Church, AH. The pearls and perils of identifying potential. *Ind. Organ. Psychol.* 2009; 2: 377–412, doi:10.1111/j.1754-9434.2009.01163.x.
4. Meyers, MC, van Woerkom, M and Dries, N. Talent: Innate or acquired? Theoretical considerations and their implications for talent management. *Hum. Resour. Manag. Rev.* 2013; 23(4): 305–21, doi:10.1016/j.hrmr.2013.05.003.
5. Schmidt, IW, Berg, IJ and Deelman, BG. Prospective memory training in older adults. *Educ. Gerontol.* 2001; 27: 455–78, doi:10.1080/036012701316894162.
6. Hoorens, V and Harris, PR. Distortions in reports of health behaviors: The time span effect and illusory supefuority. *Psychol. Health.* 1998; 13(3): 451–66, doi:10.1080/08870449808407303.
7. Endo, Y, Heine, SJ and Lehman, DR. Culture and positive illusions in close relationships: How my relationships are better than yours. *Personal. Soc. Psychol. Bull.* 2000; 26: 1571–86, doi:10.1177/01461672002612011.
8. Larwood, L and Whittaker, W. Managerial myopia: Self-serving biases in organiza-

tional planning. *J. Appl. Psychol.* 1977; 62(2): 194–8, doi:10.1037/0021-9010.62.2.194.

9. Felson, RB. Ambiguity and bias in the self-concept. *Soc. Psychol. Q.* 1981; 44(1): 64, doi:10.2307/3033866.
10. Svenson, O. Are we all less risky and more skillful than our fellow drivers? *Acta Psychol.* (*Amst*). 1981; 47(2): 143–8, doi:10.1016/0001-6918(81)90005-6.
11. Cross, KP. Not can, but will college teaching be improved? *New Dir. High. Educ.* 1977; 17: 1–15, doi:10.1002/he.36919771703.
12. Chamorro-Premuzic, T and Furnham, A. *Personality and Intellectual Competence.* Mahwah, NJ: Lawrence Erlbaum (2005), doi:10.4324/9781410612649.
13. Heidemeier, H and Moser, K. Self–other agreement in job performance ratings: A meta-analytic test of a process model. *J. Appl. Psychol.* 2009; 94(2): 353–70, doi:10.1037/0021-9010.94.2.353.
14. Friedrich, J. On seeing oneself as less self-serving than others: The ultimate self-serving bias? *Teach. Psychol.* 1996; 23(2): 107–9, doi:10.1207/s15328023top2302_9.
15. Judge, TA, Piccolo, RF, Podsakoff, NP, Shaw, JC and Rich, BL. The relationship between pay and job satisfaction: A meta-analysis of the literature. *J. Vocat. Behav.* 2010; 77(2): 157–67, doi:10.1016/j.jvb.2010.04.002.
16. http://www.wsj.com/articles/everything-is-awesome-why-you-cant-tell-employees-theyre-doing-a-bad-job-1423613936.
17. Bukowski, C. *Women*. New York: HarperCollins (2014), p.279.
18. Condrey, SE, Selden, SC, Tools, HC, Burke, RJ and Cooper, CL. The human capital phenomenon: Putting people first. *Public Adm. Rev.* 2010; 70(2): 319–21, doi:10.1111/j.1540-6210.2010.02140.X..
19. *The Economist. Managing Talent: Recruiting, Retaining and Getting the Most from Talented People*, eds. M Devine and M Syrett. London: Profile Books (2006), p.4.
20. Sonnenberg, M, van Zijderveld, V and Brinks, M. The role of talent-perception incongruence in effective talent management. *J. World Bus.* 2014; 49(2): 272–80,

doi:10.1016/j.jwb.2013.11.011.

21. Ross, S. How definitions of talent suppress talent management. *Ind. Commer. Train.* 2013; 45: 166–70, doi:10.1108/00197851311320586.

22. Cappelli, P and Keller, J. Talent management: Conceptual approaches and practical challenges. *Annu. Rev. Organ. Psychol. Organ. Behav*. 2014; 1(1): 305–31, doi:10.1146/annurev-orgpsych-031413-091314.

23. Lewis, R and Heckman, R. Talent management: A critical review. *Hum. Resour. Manag. Rev*. 2006; 16(2): 139–54, doi:10.1016/j.hrmr.2006.03.001.

24. Cappelli, P and Keller, J. Talent management: Conceptual approaches and practical challenges. *Annu. Rev. Organ. Psychol. Organ. Behav.* 2014; 1(1): 305–31, doi:10.1146/annurev-orgpsych-031413-091314.

25. Terpstra, D and Rozell, E. Human resource executives' perceptions of academic research. *J. Bus. Psychol*. 1998; 13(1): 19–29.

致 谢

很多人都为本书的出版做出了自己的贡献，要在这里提及他们所有人的名字并不容易，但我依然想要对他们说一声感谢。

我特别想要感谢我的两位学术导师：阿德里安·弗海姆和罗伯特·霍根。是他们带我进入了这个激动人心（但也充满混乱）的人才世界，给予了我思考这一领域和其他领域的能力。曾经有人说过：“人才模仿，天才窃取。”虽然我并不是天才，但我有足够的天分，能如饥似渴地从这两位大师身上“窃取”知识，我以后也会继续这样做——对他们说声对不起，弗海姆和霍根！我衷心感谢他们！

我还要感谢我的媒体编辑：《哈佛商业评论》了不起的莎拉·格林·卡迈克尔，《快公司》的“超人”里奇·贝利斯，《今日管理》言辞犀利的凯特·巴塞特，以及《卫报》卓越的亚当·达维迪。书中很多内容都是在他们的帮助下完成的，很多想法也是他们帮我试行、组织和审查的，最终才有了本书。正是因为他们，本书才显得如此浑然天成。

我同样想要感谢我的朋友和同事，尽管他们日程繁忙（我安排得又很急），但在阅读完初稿后，他们依然很有耐心地给我提供了反馈，让我受益良多。企业研究论坛的迈克·哈芬登和吉莉安·皮兰斯，红牛公司的亚当·耶尔斯利，埃德蒙兹公司的彼得·斯坦劳夫，霍根X公司的戴夫·温斯伯勒，我衷心向他们表达感谢！我希望每一位评论家都能像他们一样做事干脆利落，知识渊博，能提出建设性意见。

我还要感谢我的经纪人贾尔斯·安德森，他和我共同留下了独属于本书的足迹，他为本书找到了一个合适的归宿；我还要感谢利特尔&布朗出版社卓越的工作人员，尤其是佐伊和吉利恩。此外，我还想特别感谢梅里·彭蒂凯宁，她是我见过的最聪明、最犀利的图书编辑，希望我们能再次合作。

最后我想要感谢新加坡航空公司，我正是在乘坐其航班时完成了本书的绝大部分内容（我知道这很不寻常）。在3万英尺[1]高的空中，除了那里，我想象不到更好的办公地点。

① 1英尺=0.304 8米。——编者注